“儲けたい 儲かる 儲かった”の実践社長学

税理士 日野上輝夫
Teruo Hinokami

清文社

推薦のことば

千葉商科大学学長　加藤　寛

日野上先生は異色の税理士である。

福沢諭吉いわく「経書史類に奥義は達したれども商売の法を心得て正しく取引をなすこと能わざる者は、これを帳合の学問に拙き人というべし」（学問のすすめ）

日野上先生はすでにいくつかの著書を出版されているが、今回の本を読んで私は、すぐこの福沢諭吉の言葉を思いだした。福沢は、一九七三年にH・B・ブライアントとH・D・ストラットンの共著『帳合の法』を翻訳した。この本はすばらしい商業の基本である。すべてのビジネスはこれを基本とすべきである。

日野上先生は年々数多くの企業の会計に携わってこられたが、その中から、「経営のリズム」を発見されたことはすばらしい。

「儲けのリズム」という発想に私は感銘した。これは会計に精通した人の発想そのものである。「儲けたい」経営者の意欲が、「儲け」を持続させ「儲かった」企業になる。そのリズムが備わったら成功である。それは会計の基本である。

日野上先生の本を読んでいると、そこには先生の哲学が潜んでいる。それをわかりやすく会計と結びつけて巧みに説明している。福沢諭吉の心がはじめて継承されたのではないだろうか。

今後とも日本の企業に先生の哲学を浸透させてほしいと願っている。

はじめに

『水五則』（水五訓）　これは豊臣秀吉の参謀であった黒田如水が書き残した教えであるといわれている。戦国の世に常に死と向かいあって毎日を生き抜き、その中にも夢をみつけようと必死に戦う如水の心の中から生まれた教えである。まさに、水の如くにという世渡りの五則を示している。今、世の中小零細企業はこの五則に倣って企業の五則を掲げ、それに沿って経営の見直しをしてもらいたい。

私は今、昨年に続いて幼い時に痛めた足の手術で入院中である。健康体の有難味が骨身に染みる。間もなく退院である。表現のしようもない喜びで心は満ちている。そのベッドの上でペンを走らせ、この原稿を書いている。

税理士として、三七年間たくさんの企業を見てきた。成長発展する企業、何ら変らない企業、百年以上続く企業、廃業する企業、倒産する企業と実にさまざまである。

それでは、『企業の五則』とはいったい何だろうか。そこに焦点を当ててみる。

①経営者の資質、②儲けのリズム、③会計重視、④自力成長力、⑤モラルと社会貢献、この五則が企業に備わっていなければ、企業の存続はあり得ないと考える。

「儲けたい」と「儲かる」、結果として「儲かった」は違う。この違いがわからなければ経営者は務まらない。「儲けたい」は誰もが思う願望、「儲かる」は儲けのリズムが企業にできた結果である。儲かっても使ってしまっては「儲かった」にはならない。会計重視によって「儲かった」を継続する。これが企業の果実となり、百年企業へのＤＮＡを伝えていく道が開ける。

企業の創業、起業の時点から「儲けてなんぼ」の世界へ、小さくても百年企業への道へ導きたいがために本書を著した。

経営者にとって、会計や経営、税金の本ほど面白くないものはないとよく言われる。こうしたことを考えに入れながら、本書では経営の初めから最終の儲けの果実までの過程においてあるべき姿を示そうとした。したがって、実務・専門書とはいえないかもしれない。そうして、私の姿勢を理解する二人の若手税理士に三、四、九、十、十一章の執筆を担当してもらい、若い感性を発揮してもらった。

本書によって経営上で「ああそうか」「こうすればいいんだ」という何かを掴んでいただければ幸いである。

冒頭の『水五則』は次のとおりである。

一　自ら活動して　他を動かしむるは水なり

二　常に己の進路を求めてやまざるは水なり

三　障害にあって　激しくその勢力を百倍し得るは水なり

四　自ら潔うして他の汚濁を洗い　清濁併せ容る量あるは水なり

五　洋々として大海を充たし　発しては雲となり雨となり雪と変じ霰《あられ》と化す　凝っては玲瓏たる鏡となり　しかもその性を失わざるは水なり

水は自ら活動して他を動かし、常に己の進路を求めてやまない。その上障害があれば激しくその勢力を百倍にしてあたる。自らは潔くして他の汚濁を洗い、清濁併せ包み込む。雲、雨、雪等とどんなに変わってもその本性を失わないのは水だけなのだ。この水の強さ、潔さを経営者自らも体感し経営に取り込めば『企業の五則』は必ず成就するであろう。

『企業の五則』を図に示した。

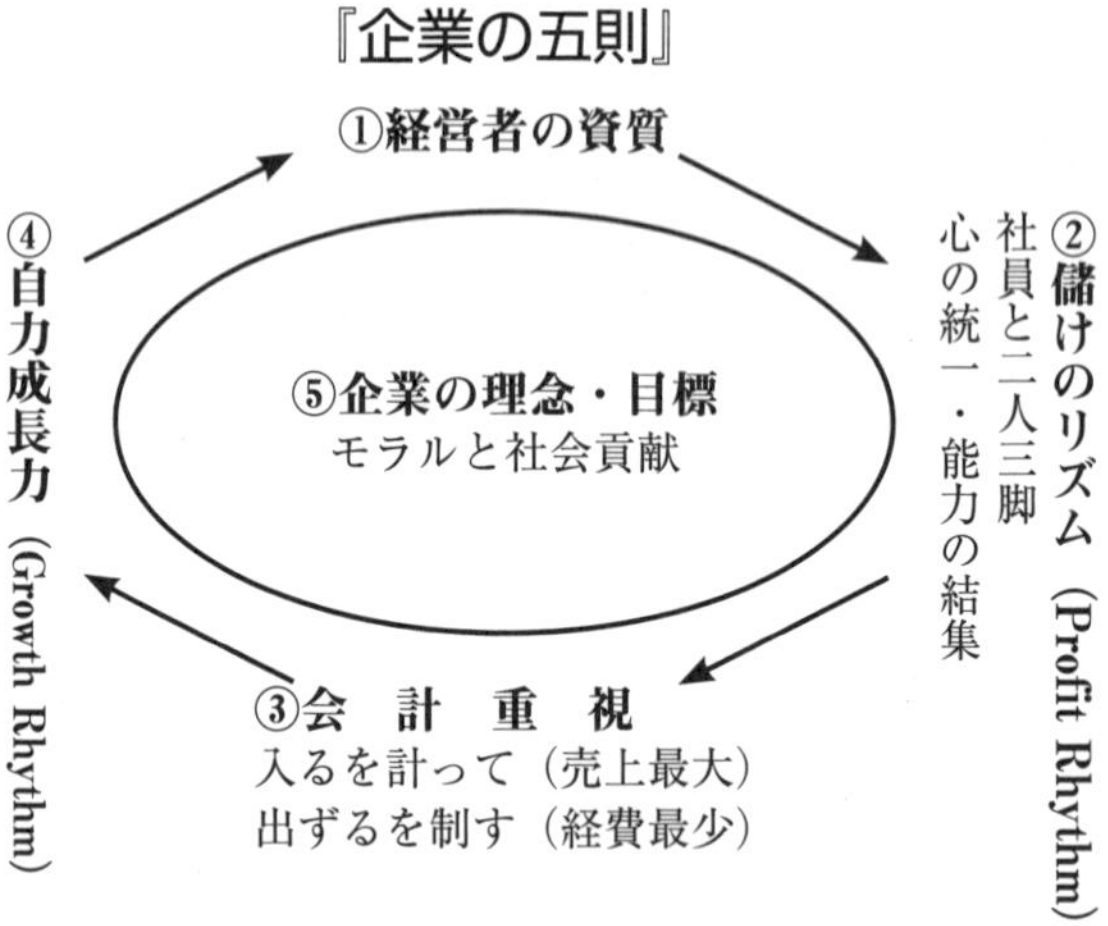

「①経営者」が示す理念や目標を社内に浸透させるには、経営者は社員と二人三脚で走る姿勢が大事である。これが社員と社員にまで広がり、心の統一や能力の結集にまで発展させる。

「②儲けのリズム」を身につけるには「③会計重視」の社内体制を構築し、入るを計って（売上最大）出ずるを制す（経費最小）という有り方を築き上げねばならない。

この儲けのリズムが『黒字申告継続のリズム』を生み、『返済のリズム』をも消化することとなる。こうなれば、内部留保の蓄積も進み、「④自己成長リズム」が自然と生まれることとなり、儲かる企業作りが実現することとなる。

経営者の資質はこの『儲けのリズム（Profit Rhythm）』『黒字リズム（Black Rhythm）（注）』『返済リズム（Return Rhythm）』『自己成長リズム（Growth Rhythm）』を「⑤企業理念や目標」モラルと社会貢献という企業の核を中心に（太陽の周りを地球が廻るように）廻すことである。

（注）「黒字経営の絶対を継続するリズム」（continuation of a black report Rhythm）以後「黒字リズム」と表現する。

◎目　次

第1章

経営は「儲けてなんぼ」の世界

儲けの手順（Profit Rhythm）

もっと儲かる会社に変えるためには、その手順つまりはリズム作りをしなければならない。儲けるためには、入るを計って（売上を最大に）出ずるを制す（経費は最小に）、この儲けのリズム（Profit Rhythm）を作ることが肝要である。思ったように儲からないのが商売であり現実である。改革、改善する信念、熱意、パワーがなければ固定概念を破壊し、儲かる企業へのリズム作りはできないのである。企業は、小さな企業から大企業まで、つきつめれば人の集団である。神から与えられた唯一自分のもの、それは「心」であるが、この心の働きとそのもっていきよう、これほど難しいものはない。

経営者はまず企業内で働く人たちの心を一つにまとめねばならない。その第一歩は経営者の理念・目標をはっきりと示し、こんな会社にしたいということを明らかにすることである。そのためには経営者としての条件がある。正しい心遣いができる人、社内の人と二人三脚で走れる人、この二人三脚とはやさしいようで意外に難しい。気持ちと足の運びが一緒でなければうまく走れるものではない。スピードを上げるときはなおさらである。二人の足と気持ちが同じリズムでなければうまく進めず転んでしまう。この二人三脚のリズムを全社で実行に移しそのスピードを上げていくのである。そのスピードを上げるためには個々の能力、訓練、体力等あらゆるものが必要となってくる。先を急がず、つまり借入金による拡大ではなく、社内留保の蓄積、自己資本比率の増加による拡大を（売上を最大に…能力の範囲内で）目指すことである。

それはなぜか、社内留保の蓄積ということは、儲からなければできないからである。儲けの難しさ、「ムダを削ぎ落とさなければ（経費を最小に）儲からないものだなあ」というリズムの認識（脚力につながる）、これが社内にできていないうちから借入金による拡大を図るとムダがいろいろなところに出て負担の拡大に終わるケースがほとんどである。大企業や中小企業のこの借金漬け倒産の例は山とある。

私利私欲の心があれば会社はうまく走れない。私利私欲の心でいくら理念や目標を示し、二人三脚を訴えても成果は上がらないのである。「誰よりも自分は良い目をみたい」この断ち難い心の迷いを断ち切らねば立派な経営者にはなれない。「利他」の心配りが先決である。経営者がそんなことはきれいごとだと感じている間は二人三脚はむりである。

さらに言えば、世の中に不法や不正、悪徳商法が後を絶たないのは、心遣いの間違いと私利私欲がためである。

次に企業の成長の過程が見えなければ励みにならない。その羅針盤が会計である。会計を柱にすれば、経理によるデータの管理、日々一つ一つの伝票処理、経営に最も大事な利益率の向上やキャッシュフロー経営の必要性、社内留保の手順と税金の必然性、という会計の本質とそこに働く原理が見えてくる。

ここまでくれば、儲けの手順を運ぶリズムの大半ができる。細かな一つ一つの項目については、後からの項目で述べることとする。

ここで、事業を営むわが国の五〇〇万企業（法人、個人すべての事業者を企業と呼ぶ）の現状を表にしておこう。すべての企業は儲けたいと思っているがその現実はまったく違っている。この表はその思いと現実との乖離の証左である。

注目すべきは法人の場合は、欠損法人が六八・一パーセントもあること。また充分な経営者報酬も取れないで、なおかつ欠損という法人が多いことも非常に問題である。私が最も重視している自己資本比率も、小さな会社ほどその割合が極めて低く、資本金一〇〇〇万円未満の一四六万社の平均は、四・五パーセントとなっている。これでは、とても経営はおぼつかない。九五・五パーセントもの借入金や支払手形等があっては、自転車操業の資金繰りにのみ経営者は頭を使い、経営は二の次になってしまう。悪弊の連続である。

500万企業のうち法人

平成15年分財務省推計調査

母集団法人数	資本金	売上高（単位：億円）	平均売上高（単位：千円）	自己資本比率（%）	欠損法人（%）	利益法人（%）
5,686	10億円以上	5,085,312	89,435,000	35.7		
28,220	1億円～10億円	2,103,239	7,453,000	25.2		
1,142,236	1,000万円～1億円	5,119,914	448,236	23.3		
1,462,656	1,000万円未満	1,038,271	70,985	4.5		
計 2,638,798					68.1	31.9

500万企業のうち個人

平成16年分申告所得税の納税者について平成17年3月31日現在の状況

	区分	人員 主たるもの	人員 従たるもの		所得金額（百万円）		申告納税額（主たるもの）（百万円）	平均申告納税額（円）
		人	外	人	外			
事業所得	営業等所得	1,817,928	61,224	217,696	291,468	6,881,688	510,653	280,890
	農業所得	139,677	113,081	275,115	58,078	594,251	25,530	182,770
	計	1,957,605	174,305	492,811	349,546	7,475,939	536,183	273,890

（注）1　1人で2以上の種類の所得を併有する場合は、各種類の所得のうち最も大きいものを「主たるもの」の欄にその他のものを「従たるもの」の欄に、それぞれ該当する種類ごとに1人として掲げた。
　なお、所得金額は、主たるもの及び従たるものを区分することなく、各種類ごとの所得金額の合計額を掲げた。

　また、申告納税額（主たるもの）は、各種類の所得のうち「主たるもの」に該当した所得の種類に、その者に係る申告納税額を掲げた。

2　外書は、欠損額のある者の人員及びその欠損額を掲げた。

3　所得金額は、特後所得（特典控除後のことで、青色事業専従者給与等の青色申告の特典の金額又は事業専従者控除額を控除した後の額を控除した後の金額をいう。）で示されている。

1 経営者の心構え

企業を儲けさせるも儲からなくするのも経営者の心構え一つ。経営者の資質次第である。経営に携るすべての人は自らの企業を儲かるようにしたいと思っている。しかし、実際の行動がそうなっていない場合が多いように見受けられる。残念なことである。それはどうしてなのか、そこを検証しながら、経営者の心構えとして必要と思われることを私なりに書いておこう。

① まず経営者は「こんな会社こんな事業にしてみたい」ということがはっきりとしていなければならない。

② そのためには、「自らの経営に自信と目的と理念を持つ」ことが必要である。このことは社内はもちろん社外にもわからせなければならない。この目的や理念によって自制が生まれるのである。

③ 「信なくば立たず」である。まずは社内で、次いで得意先や銀行はもちろん社会にも信の輪を広める努力は欠かせない。経営者たるものは儲けたいの一心で、ともすれば他

の何ものも見えず、先を急ぎ無理をする人が多い。結果として借入依存の肥満体質内容になる。

④　なぜ「程」経営が大事なのかをじっくりと考える。

⑤　経営を誤らないためには、「会計を柱にする」ことが大事である。ところが会計軽視型が多いのである。世の中、会計をディスクローズする流れになっている。バブル以後の金融界はあの不良債権の山を再び発生させないために、会計が明瞭で健全な企業以外は相手にしなくなっている。エンロンやワールド・コムのような粉飾決算事件がわが国にも跡を立たないわけである。

⑥　そのために、経営者たるものは会計の本質とその原理を知らねばならない。すなわち企業を円滑に儲ける体質にするためには自らを厳しく律しなければならない。人間は自己の主体性を確立し、自分の力で自立して生きなければならないが、これを成し遂げる道中には利己主義という落し穴がある。人は心遣いの中で自己中心的に傾きやすいのである。利己的な心と利他的な心の葛藤の中で迷いが出る。人間関係、社会関係を含めて、この世界はすべて相反する二つの要素の統一、いわゆる『反対の一致』のもとに成り立っている。

この迷い、この相反する二つを正しく導くための基準を自分の心の中に持たねば、弱い心に敗けてしまう。そのために経営者は精神的に強くなければならない。大きく儲けたい、良い目を見たい、立身出世がしたい等誰しも思うことであるが、この反対側に存在するものを意識する必要がある。だからこそ経営者は自らを厳しく律するためにその基準となる考え方をもっていなければならない。目標数値を示し、人の集団たる企業内の人達の心を一つに束ねる必要がある。入るを計って（売上を最大に）出ずるを制す（経費は最小に）の基本どおりに動かすために会計の本質とその原理の理解こそ大事だといえる。

⑦ そうすれば事業の中味に未来はあるかどうかが見えてきて、その対策が後手に廻ることを防げるようになる。

⑧ その対策の中から、不思議と一寸先に光を見い出す力が湧いてくるものである。この小さな一寸先が感じられないようでは経営者は務まらないだろう。どんな小さなことでもキャッチする力、能力も養うこと、つまり社内の現場から常に目を離さないことである。

⑨ スポーツの世界では、攻めこそ最大の防御というが、経営も同じ事がいえるようだ。攻め、つまり設備投資や先行投資、売上拡大は借入ではなく自らの選手（自己資本）でできるように企業を育てることが先決である。

⑩　世の経営者で一番悪いのは、見たくない現実を見ない経営者である。これがあまりに多い。すなわち、自らの企業の財務内容、儲かる企業になっているかどうか、社内が一致協力体制にあるかどうかを見ないのである。

以上の①から⑩の点に心を向け、社内の心を掴み、社員と二人三脚の姿勢。家庭にあっては、阿吽の呼吸で夫婦二人三脚。取引先（売上・仕入）とも二人三脚、共存共栄の心が大事である。今日の経済は食うか食われるか、何とも目まぐるしく急テンポで進み、変化している。事業には、多くの味方や支援者、同調者、ファンが必要である。この数と輪がその企業の死命を決する。経営者は、何業によらず精進専一、これすなわち商売の要といえる。いい商売、悪い商売があるのではなく、儲かる商売に導けるかどうかの強いリーダーシップ力が経営者の肩にかかっているのだ。

経営者の心構えを良い方に向かわせるために、経営者をタイプ別に分けてみた。

〈経営者のタイプ〉

１　協調タイプ

２　営業出身いけいけタイプ

3　ワンマンタイプ
4　製造出身偏屈タイプ
5　会計重視のタイプ
6　会計軽視のタイプ
7　銀行偏重借入タイプ
8　借入嫌いタイプ
9　ケチケチタイプ
10　良い顔タイプ

細かく分けるとまだまだいろいろな経営者のタイプがあると思うが、とりあえず10のタイプに分けて、この中からまず一番自分に近いもの順に、三つ選び、それを頭に入れて本書を読むとさらに理解しやすいと思う。

〈経営者タイプと欠点〉

1の協調タイプ

このタイプは、10の良い顔タイプにも通ずるが、気遣いのあまりリーダーシップに欠け、企業をグイグイ引っ張る力にも欠ける。

2の営業出身いけいけタイプ

このタイプは、バブルに多く見られた。一見目ざましい発展に見えるが足元を固めないため経済情勢の変化で簡単に倒産する例が多い。私の知人でマンションを何棟も持ち、ドイツじこみの最新のスイミングスクールを経営し、建売りや分譲マンションまで手掛けて、何ともすごい人だなあと思っていたが、あっという間に社会から消えてしまった。

3のワンマンタイプ

このタイプは、非常に多い。初代経営者に多く見られ、何でも思いのままにできるために二人三脚が苦手だし、後継者づくりの下手な人が多い、第一線年令を越えてまだ社長としてがんばっていることを偉いと思い込んでいる。これでは人は育たない。

4の製造出身偏屈タイプ

このタイプは、物づくりは上手だが、いつも自分の世界に入り込んでいて周囲が見えないし、他人の意見も聞かないがゆえに、物づくりに空間が生ずる時期にピンチが訪れる。

5の会計重視のタイプ

このタイプは、中小零細企業にはたいへん少ない。会計事務所にその処理を依頼すれば全て解決と思っていることが多い。話はこれからである。本当の会計重視はこの会計情報を基に経営の舵を取らねばならない。会計事務所のスタッフに質問責めをする社長が何人も私のクライアントにはあるが、こうした会社はやはり堅実である。

6の会計軽視のタイプ

大中小ミニまで日本の企業の経営者は大多数このタイプといえる。こうした人の多くは売上至上主義に走りやすい。なぜなら会計の中味がわかっていないのだから、売上さえ上がれば、すべて解決と思っているところがある。

7の銀行偏重借入タイプ

このタイプは、儲けのリズムがわからず、常に資金繰り商売に頭を使い、借入れができれば社長業ができていると思っている人である。

8の借入れ嫌いタイプ

このタイプは意外に少ないが、極端に、借入れは怖い、金利と返済に追われると思い込んでいる気の小さな人に多く、これがために大きなチャンスを失することもある。借入れ嫌いは、儲けのリズムから自力成長リズムまで身についているのであれば、最も良いが、単に借入れだけを嫌っているのでは話にならない。直接金融のできない小さな企業では間接金融も時と場合で活用しなければならないこともある。

9のケチケチタイプ

このタイプは、出ずるを制すを勘違いしている人が多く、適材適所への「生きた金」の使い方がわからない人である。

10の良い顔タイプ

このタイプは、ケチケチタイプとは反対に外面が良いというか勘定のわからない（会計がわからない）人が多いといえる。私の知る人に儲けの名人、金使いの名人がいる。だから、「儲かった」を味わうことが本当に少ない。儲けはしたが、その金は常に使い果たして、「溜め」の下手な標本のような人である。

経営者の心構えがその企業の死命を決するといっても過言ではない。最近世間を驚かせたのが「カネボウ」である。この知る人ぞ知る繊維と化粧品の老舗メーカーの社長や他の役員までもが逮捕された。これは長年続いた赤字体質を改善するために社員に不可能な売上ノルマを課し、人事をちらつかせての強引な指令に終始したという。ノルマが達成されないとわかると粉飾決算までやらせてしまった。この社長はワンマンであり、会計軽視で銀行偏重借入タイプであった。もっともっと冷静に会社の決算書を見て不良箇所からリストラを行えばよかったのである。不良資産の除却や遊休資産、贅沢資産の売却、それでも足りなければ会社の象徴的資産（本社ビル等）といえるものを売却し、社内の引き締めを計り、意識改革を促し体質改善に取り組むべきであった。有利子負債の削減に努めて会計の健全化第一にすべきところを上場企業であるがゆえに焦り、債務超過が露見することを恐れた。

カネボウの社長は日産のカルロス・ゴーン氏のような手法を取れなかったのである。ゴーン氏は不良資産をすべて除却し、まず会社を丸裸の資産内容にして、最悪の決算内容を示し、それから手を打ったのである。そこからのスタートだから何をやっても改善に繋がるのは理の当然である。カルロス・ゴーン氏の改善策はこの最悪からのスタートを切らせたことにある。これがよい経営者の資質といえるものである。

ところがカネボウの社長は正反対に、無理なノルマを課し、達成できなければ不正を強いて粉飾決算までやらせた。この点において、ワンマンで会計軽視のタイプでもあった。経営者としてのモラルが欠如しており、たとえ上場企業でなくても利害関係のある善良な取引関係人が数多くあり、株主や社員、その家族等の数々に迷惑を掛けることをわかっていながら強権で物事を行おうとしたタイプで、信なくば立たずである。

三年で二千億円もの粉飾をし、債務超過の会社を資産超過に見せかけていた。公認会計士も長年共謀していたのではないかとして逮捕された。あげくの果てに会社を企業再生委員会に委ねて売却されることになってしまったのである。会計の数値は実に正直で、何人も会計を騙して通り抜けることはできないという証左である。必ず不正は露見し、おつりは自らに帰ってくる。そういう意味で経営者たるものは会計重視の心得を持ち、自らを厳しく律する姿勢を崩さないことである。

そうでなければ、容易に経営はできない時代になっている。カネボウの場合は何も特異なケースではなく、多くの経営者が持つ心の弱さが出たケースである。経営者は社内に理念を示し、ステップバイステップの目標を掲げて人の心を大事にしてことを進めることである。何も先を急いで行くことはない。人は生きてこその人生である。企業もまた然り。

私は、次の一首にそれを感じる。

世間《よのなか》は　空《むな》しきものと　あらむとぞ
　この照る月は　満ち欠けしける
　　（作者未詳　万葉集　巻三―四四二）

2 創業・起業（設立）

今、世の中にはフリーターだけでなく、ニート（Not in Employment, Education or Training）と呼ばれる定職に就かない人たちが六四万人もいる。このような人たちは人生そのものにロマンを感じていないのだろう。たった一度の人生であるのに、いかにも淋しい限りである。もっと積極的に、働く喜びを求めることができればよいのにと思う。

二〇〇七年には、日本もいよいよ人口が減少に転じるという。この二〇〇七年は、団塊の世代が退職し始め、逆ピラミッドの社会構造が始まり、一気に不安定になりそうだといわれている。

反面、リストラによる定年前の脱サラや学生の新卒組、そして、経験豊富な団塊の世代の中から創業・起業を目指す人たちが出現しそうな気配もある。夢追い人が、大挙して出現してほしい。「夢×情熱＝青春」である。

人生に失敗がないと、人生そのものに失敗する。経営は、儲けてなんぼの世界ではあるが、単に「金さえ儲かればなんだってやる」では、如何にもわびしい。若い人々へ、これからの創業にはすばらしいロマン実現のために経験を生かし学問技術に磨きをかけ、それを活用し社会に貢献するという喜びを感じてほしいものである。それこそ、たった一度しかない人生を必死に生き抜く人たちに与えられる喜びである。

◎私は無から税理士事務所を起業した

私も税理士事務所の創業者である。

生まれた家は、天保年間から続く綿花問屋、後に製綿業、布団製造業の家である。親戚の大半が従事していた。その環境下で、私は税理士を目指し、昭和四二年の一二月に合格、翌年七月に登録開業した。右も左もわからない分野ではあったが、大望は持っていた。税理士業はこうあるべし、税理士事務所も一つの経営だという意気である。すなわち、経営である以上は儲からねばならない。儲けるにはどうすればよいか常に考えていた。

私の場合の儲けるということは、多勢の人に税に対する正しい認識、会計の重要性を伝えること、私に流れる商売人の血を自覚し、経営とは如何にあるべきかの伝道師が務まらなければ実現しない。私が社会に役立ってこそ儲かるにつながるのである。依頼者がなければ仕事がない。三年半の見習い書生で得た知識しかない。ゼロからの出発である。電卓なし、コピーなし、もちろんパソコン、オフコンなどない時代である。あるのは「そろばん」一つ、頼れるのは自分のみである。

さて、どうするか。税理士業をやるからには先輩税理士に近づくこと、納税協会（青色申告会）に日参すること、そこから何かが必ず見えてくると考えた。これを実行に移した。一～二年後に見えてきた。商工会議所や日本税務協会の税理士が関与していない事業者に対する無料記帳指導というのがあることがわかった。納税協会員の指導、確定申告書の作成もそうである。先輩税理士の誰もが嫌がるこれらのことを、自らの意見で買って出てやらせてもらった。

商工会議所や日本税務協会からは僅かな謝礼は出るが、納税者はすべて無料である。とても採算の取れるものではないが、二六才の私に、所員は定年後採用した男性一人。個人事業者の記帳指導や確定申告に精力を傾けた。一年、二年と経つうちに、有料でやってくれなければ、翌年からは来られないという人たちが現われた。私は、何もかも未経験だから、とにかく大勢の事業者に接し、少しでも税理士として経験を重ねようと思っただけである、ところが、先方はさすがに商売人である。タダでは気兼ねで、そうそう何年も来られないといっていただいたのだ。私の利他の精神、私利私欲の無さが共感を呼んだのか、ありがたいことである。

やっと経営というものに近づいてきた。世の中蒔かぬ種は生えないという。良い種を蒔けば良い実がなり、悪い種を蒔けば悪い実がなるともいう。長い歴史ある商家の血が私には流れている。目には見えない大きな財産をいただいたと思っている。また、信仰の厚い家系だ。「人を助けて我が身助かる」。この利他の根本精神が、事業発展の大きな理念、儲かる根本原理である。

この原理に、夢とロマンを重ねて、小さくても大望のある創業・起業を始めてほしい。今、世の中で大企業と呼ばれている会社も、元はすべてベンチャーである。創業者の苦労やそれを受け継いだ人達によって成り立っているのだ。

3 開業準備資金の調達、資本金

◎開業資金は金融機関から借りる。

さて、開業準備資金の調達であるが、何をやるかによって金額差があるとはいえ、最低一〇〇〇万円から二〇〇〇万円は必要となろう。自分で用意できればそれでよし、できなければ共同経営で出し合うもよしである。しかし、親や知人、友人に借りるのは安易に流れて賛成できない。そこはきっぱりと割り切って金融機関から借り入れることである。そうした方が、自分自身に、やるぞというプレッシャーがかかって、むしろ良い方向に動くのだ。

また、返済計画が立てやすいからである。政府系金融機関の国民生活金融公庫からは新創業融資制度として無担保、無保証で七五〇万円以内の借り入れをすることができる。それには開業計画書や賃貸借契約書（借店舗、借工場の場合）が必要となる。また、特別貸付は、二〇〇〇万円くらいまでは保証人が必要で、これ以上、七二〇〇万円以内は、担保も必要となるが、借り入れできることになっている。

○新たに開業する方又は開業後税務申告を２期終えておられない方

新創業融資制度（無担保・無保証）

	運転資金		設備資金
融資額	750万円以内		
返済期間 （うち措置期間）	５年以内 （６か月以内）		７年以内 （６か月以内）

※税務申告を終えていない方は、開業資金の２分の１以上の自己資金を確認できることが必要です。

※新規開業融資の各制度を無担保・無保証人でご利用いただくお取り扱いです。

※通常適用される利率に、一定の利率が上乗せされます。

特別貸付　　創業や経営の革新などを行う方にご利用いただけます。

		ご利用いただける方	ご融資額	ご返済期間
新企業育成貸付	新規開業資金	新たに開業する方、 開業後おおむね５年以内の方	7,200万円以内 （うち運転資金4,800万円）	運転資金５年以内 〈特に必要な場合は７年以内〉 設備資金15年以内
	女性、若者／シニア起業家資金	女性または30歳未満か55歳以上の方であって、 新たに開業する方、開業後おおむね５年以内の方	7,200万円以内 （うち運転資金4,800万円）	運転資金５年以内 〈特に必要な場合は７年以内〉 設備資金15年以内 〈特に必要な場合は20年以内〉
	新事業活動促進資金	経営革新計画の承認を受けた方や、 経営多角化、事業転換を図る方など	7,200万円以内 （うち運転資金4,800万円）	

一般的に言えば、借り入れはあまり賛成できないが、最初の資金借り入れは、仕方がない。また、開業準備資金もスムーズに返せない事業であれば、始めからダメである。無担保、無保証七五〇万円の範囲内でやるのか、保証人が必要な二〇〇〇万円が必要か、もっと多くの資金がなければできない事業なのか、ここから経営者の決断が問われるし、信用が問われるのである。事業計画の中身、何をやって、どう儲けて、どのように返済するか。この借入金を早く返済する儲けのリズムが、事業計画の中から読み取られなければならない。

能力、熱意、意欲も問われる。一人でやるのか複数か、複数であればどのような人たちなのか、その人たちの生活の保証、またその人たちの能力や熱意、意欲も必要となる。経営者であるあなたの人への目配り、気配り、心配り、心を一つに纏める人間性のある信用と統率力。この借入は事業を始める第一関門。第二の関門はこの借入金スタートの後遺症をいつまでも残さず、返済することである。第三はまず儲けること、飛躍的に成長すること。その方法がわかれば苦労はしないと反論されるかもしれないが、本書にそのヒントをちりばめたつもりである。

4 仕入・買掛金

どんな商売にも仕入がある。物販業は当然のこと、製造業でも素材の仕入がある。喫茶店では、コーヒー豆やフレッシュ等が仕入となる。私のようなサービス業の会計事務所でも、コピー用紙やトナー、伝票類等数々のものを買い入れねばならない。「利は基に有り」で、何を商うにも仕入から始まるといえる。この足下の仕入を誤ると、商品が売れなくなる。たとえ売れても、儲からなくなる。仕入の段階から消費者が見えていなければ、在庫の山を築くこととなる。

◎私の実家の製綿業の場合

私が生まれ育った家は製綿業で、原綿を買い入れしていた。毎日、原料屋という綿の問屋の営業マンが、綿見本を直径一〇センチ長さ三〇センチくらいの紙に丸めて、何種類も持ってきていた。この見本で綿の色、毛足などを調べて買うのである。良い品物をみつけて、買うだけではない。米綿、パキスタン綿、天津綿、インド綿等すべて輸入物であるため、相場によって同じものでも高い安いがある。そこで、安い時に買って、蔵や倉庫に入れておき、大阪西川（ふとん店）から注文がくれば、製品にして出荷するのである。当時、うちの家は、大阪西川の専属工場になっていた。当然、仕入が高ければ儲からないから、買うタイミングが大事である。それに、今が買い時と思っても、資金が手元になければ、仕入のタイミングを失することになる。品質については綿が白く、毛足の長いもの、種の混じり気のないものでないと、布団にして使っている間に、直ぐ綿が切れてしまうことになる。日本一の布団の卸と、日本一の品質を誇る西川ブランドに傷がつくようなことでは、専属工場として失格である。やはり「利は基に有り」で、仕入が根本である。

ただ、国内品や、今のように経済のスピードが速い時代、競争の激しい販売、消費者の変わり身の早い時代であれば「当座買い」が鉄則であるのだが、昼であれ夜であれ、食事時に居合わせた原料屋の営業マンはいつも我が家で一緒に食事を共にすることもあった。食事付き合いの密度を高めつつ良い品を安く買うという姿勢であった。これはすなわち、仕入先との二人三脚。しかし、仕入資金を常に潤沢に持たないと、いくら安くても買えない。その都度、借入金ばかりで仕入れていると、利息と返済に追われてたちまち苦しくなる。

こうしたことを理解するために「会計」が必要となるのである。だから父は、長男も次男も商業高校に入れ、簿記・会計を習得させた。三男は工業高校で繊維紡績を学んだ。幼くして父が亡くなってはいたが、四男で末っ子の私には、長兄が税理士になることを勧めたのである。

◎続いてこそ商売

商いについては、「商売は牛の涎」「細う長う」「綿屋とでんぼ（おでき）は大きくなれば潰れる」と叩き込まれた。耳にたこができるとはこのことだ。商売というのは、続かなければ何の意味もない。何代にもわたって事業承継をするためには、牛の涎の如く細く長く切れることがない経営をすべきということ。また、綿屋が、世間を驚かすほど、大きくなったことはない。大阪阿倍野の某ふとん店は何回潰れたことか。でんぼ（おでき）も同じ、大きくなれば必ず膿がたまり潰れるものである。だから、私に簿記・会計を習得させ、会計を身に付けさせようとしたのである。

◎二人三脚の教え

それに加えて中学生の頃から兄弟皆工場の手伝いを命じられた。雪が降っているように舞う綿埃の中でマスクをして機械の前に立ち、手伝うのである。自然と職人さんの苦労がわかるし、彼らと親しくもなる。これまた、社員との二人三脚の教えであった。

大学生の時のある日のこと、私は、工場長が機械で右手指を落とした現場に居合わせた。即座に私が車の運転をして病院に運んだ。外科の先生が処置をするのを横で見ていて、足の震えが止まらなかった。働くとは大変なことであると、真から思った。上手の手から水は漏れる、油断は大敵である。事故防止の大切さ、工場長の生活の保証もある。その外科の処置室でいろんなことを学んだ。

私の「石橋は渡らない、鉄橋を渡り、その金属音を確かめて渡る」というモットーはこうしたことから生まれてきたのである。また、それは私にとって、会計の大事さ健全会計、借入金の恐さなどの認識に繋がっていく。

◎儲けの第一歩は仕入れにある

仕入を誤れば、経営の最終目標である儲けを大きく左右することになる。今の時代は「売上－仕入－経費＝利益」ではない。「売上－利益＝仕入＋経費」というバランス感覚で事業を進めなければ儲けのリズム、コンベアには乗らない。

また、当座買いは在庫にならないということを覚えてほしい。在庫にならないから、不良在庫や流行遅れ在庫等の棚ざらし品にならない。「当座買い」は高くつくので、たいへんな資金力が必要となる。それがまた、自力成長を引き出す作用をするのである。不必要な在庫は持たない健全会計への道こそ、仕入即販売・仕入即製造のスピード売上を促すのである。このリズムを徹底することが大事である。

儲けの第一歩は、仕入にあるということを肝に命じてほしい。

5 経　費

経費を最少に抑えなければ儲けのリズムには乗らない。

世の中便利になればなるほどその恩恵は受けるが、逆に費用は嵩むばかりである。身近になくてはならないもの、コピー機やファックス、パソコン、コンピュータ、車など、便利なものは多数ある。便利の裏側にある費用負担は、相当なものである。コピー機には、用紙やトナー、使った分だけ払うカウント使用料がかかる。保守料や修理代も必要。買い替えも考慮しておかなければならない。車の維持も大きな支出を伴う。付随費用がたくさん必要な上に、それを便利に使うのは、やはり人である。この人件費が、会社に重くのしかかってくる。

◎売上総利益（粗利）とのバランスをとる

こうした経費を最小限に押さえ込まなければならないのだから目配りがたいへんだ。費用対効果というが効果をどうして計るのか、効果とはいったい何を言うのか。早く言えば、売上のことである。もっと厳密に言えば売上総利益（粗利）のこと。売上には値引きもあれば、返品もあるし、売上原価が高ければ、利益率は下がる。だから、売上総利益を上げることが「効果」といえばわかりやすい。

月次の売上と売上総利益（粗利）とを連動して経費とのバランスをとること。その経費を使うことによって、直接、間接にどれだけの売上効果があるかを常に認識しなければならない。この観念を社内に徹底していることが大事なのである。月次ができれば、一〇日ごと、一週間ごとというように短い期間のものにすればより細かなチェックが可能となる。

なぜ、売上総利益と連動させるのかといえば、経費の原資は、儲けからしか払いようがないからである。もし、売上と連動させるとなると、売上の肥大だけで利益率が下がっている場合、費用は賄いきれなくなるのである。

売上だけを上げようとすると、みんなが安売りに走る。在庫を処分する目的の安売りもある。仕入や製造の段階で目測を誤り、買い過ぎや作り過ぎが原因となり、儲けにはならない。売上だけが先に計上され、仕入が翌月ということも多々あるのである。

＜費用対効果の最も簡単な理解法＞

損益計算書
Profit & Loss Statement

固定する	目標利益	売　上
月次変動費管理	固定費（変動費化する）	
	変動費（更に変動費化する）	

固定費とは
　役員報酬、賃金、給与、雑給、賞与退職金
　法定福利費等の人件費、支払利息・割引料、
　減価償却費等

変動費とは
　固定費以外のもの

※年初に決めた目標利益を固定し、売上経費
　（固定費・変動費）のすべてを変動させる
　これが儲かる源となる

　高名な稲盛和夫氏の京セラで徹底されている「一対一の原則」は、こうしたことを廃除するシステムで、まさに会計の本質を突いている。取引や物の動きのすべてが、この一対一の原則に従って、伝票と共に動いていくシステムが徹底的に実施され、経理課や会計部署だけでなく現場にまで徹底されているところがすごい。

ところで、費用の枠を決めて先にその枠を与えると、どうしても与えられた枠の経費は使ってしまう。つまり、予算主義の悪い点である。だから、売上総利益が予定より伸びずに割り込むと、最終利益は下がり、悪くいけば赤字になる。世間では、こうしたケースがたくさんある。硬直した予算主義の悪弊。費用は、少しの油断で使ってしまうものだ。

◎自分の人件費の四倍は稼げ

ここで、経費の中で一番比重の重い、固定費の人件費管理について説明しておこう。簡単に一人一人の働きぶりと効果を理解させる方法として、「自らの人件費の四倍は稼げ」という数値目標を示すことである。まず自らの人件費、会社として全体にかかる一般管理費、儲けに対する税金、そして会社の利益、これらすべてが一で、合計が四である。厳しい注

「成果配分」に関する経営指標

指標名	計算式	
限界利益率（%）	＝	限界利益 / 純売上高
労働分配率（%）	＝	人件費 / 限界利益
１人当たり人件費（月）（千円）	＝	人件費÷12 / 平均従事員数

（注１）　限界利益＝純売上高－変動費
（注２）　人件費には、役員報酬、賃金、給与、雑給、賞与、退職金、福利厚生費等が含まれる。
（注３）　この限界利益は総製造費用（電力料等の製造に関する経費）が加味されている

※したがって労働分配率（４）は私のいう人件費（１）一般管理費（１）税金（１）利益（１）と単純には一致しない（製造業の場合）

文ではあるが、これが達成されれば優良企業であり、この企業は成長する。少なくとも、三倍強は稼げる体質でなければ、黒字経営の継続は難しいといえる。

この目標である四倍を達成している企業を、私の関与先と、ＴＫＣの経営指標の中から紹介する。ＴＫＣは、全国九三〇〇会計事務所の集団で構成する東証一部上場企業である。(平成十七年十一月現在)

「関与先企業の経営指標」「ＴＫＣ経営指標」が示すように労働分配率、つまり、人件費が二五パーセント以下で、粗利の四分の一という企業がいくらもあり、これら企業は倒産を回避する七つの指標も、当然健全な数値を示していることは注目に値する。

関与先企業の経営指標

単位：千万円

業種	売上総利益	人件費	労働分配率
金網製造業	310	64	33.1%
通信機器の販売等	12	2	16.7%
内装工事業	94	18	19.6%
建築金物製造販売、内装仕上	78	4	4.9%
パチンコ	23	3	16.2%
不動産管理	60	14	24.0%
板金工事業	13	3	20.8%

ＴＫＣ経営指標

単位：千円

業種名	売上高（年）	１人当たり人件費（月）	労働分配率
産業用機械器具賃貸業（建設機器を除く）	90,933	362	37.5%
コンビニエンスストア（飲食料品中心）	312,717	291	37.2%
生コンクリート製造業	650,369	411	36.5%
プラスチック異形押出製品製造業	723,749	354	35.1%
雑穀・豆類卸売業	1,112,709	443	34.8%
めん類製造業	1,046,298	387	33.2%
土地売買業	259,107	517	32.7%
製茶業	785,441	416	31.7%
産業廃棄物処分業	479,081	464	31.5%
貸衣裳業	326,895	257	31.4%
パチンコホール	3,353,869	328	30.5%
不動産賃貸業・管理業	73,927	368	27.8%
砕石製造業	392,449	472	27.7%
米麦卸売業	2,159,593	384	27.6%
清酒製造業	1,586,018	447	26.3%
飲料・たばこ・飼料製造業	1,025,317	465	26.0%
その他の不動産賃貸業	55,370	301	25.8%
貸事務所業	56,455	307	25.7%
土地賃貸業	73,080	406	25.7%
貸家業	44,063	271	25.7%
消費者向け貸し金業	208,223	474	25.4%
貸間業	31,767	214	22.8%
運送取次業	394,500	425	21.5%
貸事務所業	69,782	313	19.3%
自動車賃貸業	59,404	206	12.1%
運送取次業	1,321,841	537	11.0%
茶類小売業	1,224,147	342	9.3%

6 売上・売掛金

経営者の心構えがわかり、企業を立ち上げ開業資金も何とかできた。仕入先も決まり、経費を適材適所へ効果的に使用することも頭に入った。さあ、いよいよ商売の本丸、売上を上げていかなければならない。

日本の五〇〇万企業の一つ一つは、いったい、どれくらいの売上で成り立っているのであろうか。赤字法人七〇パーセントという驚くべき現象と、個人事業者の所得の低さを思い起こしながら、どの売上規模の企業をまず目指し、儲かる企業にするかを考えてみる。

平成一六年に消費税が改正されたときの試算では、課税売上一〇〇〇万円超三〇〇〇万円未満の事業者が、全国で一五〇万と見込まれている。

日本経済は、中小零細企業が九九パーセントで、この大多数が、下支えをして成り立っていることがよくわかる。これらの零細企業倒産が、毎年膨大な数を占め、悲哀なドラマが後を絶たないのである。私は、『この倒産の数を極力少なくするために、自力による骨太体力の経営、会計を柱とした経営への変貌と刷新の風を起こしたい』と常に思っている。何とか目覚めてもらいたいと同時に立ち直ってもらいたいのである。日本経済のこれからを考えると、間接金融による自己資本脆弱型から自己資本充実型への大きな転換点に差しかかっていると思われる。新しい会社法からも、自己責任の時代であることは確かだ。

◎消費者の消費行動が変わった

明治から続く間接金融による日本的経営は、ダイエーの倒産によりその終焉を告げているようでもある。つまり、人口減少、購買層人口の減少という時代に入ったことによる、売上至上主義の終焉である。視点を変えれば、今、日本では消費者の構造的変化が起きており、これが各企業に大きな影響を与えている。

買いたくても買いに行けない高齢者層の急増、深刻な少子化の加速、就職、進学、就職活動をしていない——ニートと呼ばれる人が二〇〇四年には六四万人にもなること。また定職に就かないフリーターや賃金が安く労働条件が劣悪なパートが急増していること。所得格差も、大企業で働く人とそれ以外の人では大変な差が生まれている。大企業で働く人の平均年収は七四〇万円であるのに対し、中小企業や零細企業で働くのは、その半額からそれ以下の人が多いというデータもある。

地元の町で、日々買い物をする人の所得や人数が減少し、富裕層やよく金を使ってくれる若者や学生が、都心の最新でオシャレな魅力いっぱいの大型店やブランド店に吸い寄せられてしまっている。その結果、中小零細企業の商圏は、狭まる一方である。

新しい流れとはいえ、売り場面積の巨大化が進み、資本力・資金力に物をいわせた大型店の出店が続く。消費者は、買い回りに便利で魅力のある店に移る。都会と地方、都心と周辺地域というように区分けが一段とはっきりしてきたと言える。関西で言えば、大阪駅北側のヨドバシカメラやなんばのビックカメラの出店で、電気街日本橋の来客者数が大幅に減少し、倒産する店も現れている。これは東京の秋葉原の電気街ではもっと顕著である。

こうした現象に押し潰されないように、周辺地域の事業者は、自衛的経営ノウハウを持たねば、市場から追い出されることになる。このように変わってしまった社会の中にあって、売上を向上させるのは容易ではない。

◎強い意思で売上向上作戦を実施する

そこで売上向上作戦を次の一〇項目に集約列挙して考えてみたい。

一　顧客の囲い込み作戦

二　同業異業を問わず数件でノウハウの共同開発、相乗効果作戦
三　客の心を掴むサービス作戦
四　ターゲット絞り込み作戦
五　プロ意識彷彿作戦
六　目標達成作戦
七　全員参加作戦
八　付加価値作戦
九　目標達成への会計明瞭作戦
十　欲と二人づれ作戦

一つ目の顧客の囲い込みは、他に客を逃がさないように区別ができるノウハウを作り上げることである。「価格」や「品質」、「スピード」、「貴重な」など何でもいい、客の興味や心を捕らえて放さないオンリーワンを持つことである。客はすぐ飽きるし、目移りする存在だから、こうした囲い込み策の連続的発揮が重要なのである。

二つ目は、インターネットを利用した提携によって、お互いの特徴を生かした、顧客の紹介のし合い、リピーター作りなどの新連携グループが各地にできている。それぞれの規

模が小さいがゆえの知恵である。

三つ目の顧客の心を掴むことであるが、消費者の求めているものに真摯に対峙すること。それが鏡となって顧客の反応が数字に表われるのである。簡単なようで、これが一番できていない。自己流や改善意欲の乏しい漫然としたやり方が意外と多い。常に顧客を追いかけるのではなく、一歩も二歩も先を行く知恵と気迫が必要である。

四つ目のターゲットの絞り込みは、若者向けか、年輩向けか、高級感か、安さが売りかなど、明確な目標を決めることによって、自ずと顧客はついてくるようになる。中途半端は何の魅力もないのである。

五つ目のプロ意識の彷彿は、プロでなければできない、さすがを思わせる、今までにない発想と技術や開発である。ＩＣタグの活用やウェアラブルコンピュータのようなものでなくても、町工場の新製品や小さな商店経営のやり方が評判になっているのである。

六つ目は、企業内にまずはっきりした目標を立てること。この目標達成のためのプロセスを明確にし、細分化された対応策を構築すること。

七つ目は、企業内の者が全員で参加し行動すること。この意識と行動の結集が、成果をもたらすのである。

八つ目の付加価値とは「儲け」であって、目標付加価値を固定化させ、その他のすべてを変動化させることである。この強い信念とシステム、これがあってこそ、目標は達成されるのである。

九つ目は、目標達成への過程や結果を全員に知らせる明瞭会計である。数字は正直。これが全員の心の一致をみて成果を上げることになる。

最後の欲と二人づれというのは、人間は欲の動物であるから、目標達成の対価を還元するシステムこそが、すべての作戦を成功させるか否かの鍵となることを忘れてはならない。

以上の一〇の作戦は言うはやすく、行うは難しである。やり遂げる強い意思の有無が、生命線となる。心してかかるべし。

7 回　収

回収が現金化されてはじめて、取引が成立する。商品やサービスが相手に渡っているのに、未回収や売掛金、受取手形では完全な取引の成立とはいえない。

◎回収はキャッシュで

たとえば受取手形で回収し、これを割引いて、現金化することができても安心ではない。この受取手形は、振り出した会社に信用がなければ割引いてもらえないことがある。通常、金融機関は手形の内容によって、ＡＢＣのランクをつけて扱っている。Ａランクの手形は、直ちに割引いてくれるし、金利も低くて済む。Ｂランクの手形は、割引く企業の決算内容によってかなり厳しくチェックされる。割引いてくれても、金利は高くなる場合が多い。Ｃランクの手形は、手形発行会社が小規模であったりして、内容が悪いと判断される。Ｃランクの手形は割引の対象とはされないのがほとんどである。

こうした手形割引は、いずれにしても、その企業の信用度によって設定された割引枠という額の範囲内に限られるし、それは担保の範囲内でもある。また、この面倒な割引ではなく、仕入先にこの手形の裏書をして、直接廻して支払うことがある。これは、現金支払いや支払手形の発行に替わるものである。しかし、手形の割引や裏書をしている限り、手形の期日に手形の発行者が現金化するまでは、完全な回収ではない。

万に一つ、手形が、期日に現金化されないで、不渡りになった場合は、その金額だけ現金を手当てする必要が生じ、資金繰りに大きな狂いが生ずる。また、不渡りがでなくても、手形期日の変更（ジャンプ）を依頼されることが稀にある。

回収については、手形がらみの他に未回収の焦げ付きや一部支払いの常習取引者もある。また、ある日突然の夜逃げがある。最初のころの取引時には順調に支払い、安心させておいて数回目から納品を急がせ、多額な仕入をして、結局支払うことなく、倒産や焦げ付きにしてしまう詐欺である。したがって、「取引＝キャッシュ」の原点をしっかりみつめ、商いを誤らないように得意先の信用調査をし、売上欲しさをみぬかれて、足元をすくわれないような心掛けも必要である。

「経営＝キャッシュ」を念頭に事業を進めると、無闇に事業拡大に走って足元をすくわれ、資金繰りに窮することにならないのである。「儲け＝キャッシュ」である。売上欲しさは禁物で厳につつしまねばならない。

もう一つ大事な注意点は税金である。回収、未回収にかかわらず利益が出ていれば税は発生する。税は現金納付だから、未回収の売掛金や受取手形であれば、納税のために借入れすることになり、不必要な金利が発生する。税金のために資金繰りが狂うことになってしまう。この納税資金の借入れは、意外に多いのである。

8 利　益

儲からなければ商売はできない。

「儲からない」には、必ず原因がある。その原因を知らせるのが会計であり、そこを読み取り、社内の小さな動きにまで見渡し、判断するのが経営者の役割である。そのためには、経営者は、会計に強くならなければならないことはすでに述べた。

日常の動きや取引の一つ一つを会計の原理・原則に照らして判断し、会計や税務を教科書的な意味にとらえることなく、実際の取引や現場の動きに即応したものとして、会計の本質、そこに働く原理を理解しなければならない。自らが設定した理念や目標に向かって全員が動いているか、現場からトップまで儲けのリズムどおりになっているか、これらの検証を加えながらの日常の積み重ねがあれば、必ず儲かることうけあいである。

◎原価に利益をのせて売るのが商売

世の多くのサラリーマンは限られた収入の中で生活し、子供を育て、バカンスを楽しむ。年間一千万人以上の日本人が海外旅行をする。そして、次世代に送り出す子供の教育費や生命保険を掛ける。さらに、その上に貯蓄をして自らの老後に備えている。個々の人々がそうであるのに、企業が自らの企業目的に合った人たちを採用し、その能力と叡智を結集して、儲からないはずがない。そんな道理は絶対にない。

「なせば成る」の強固な意思とリーダーシップ、「一手一つの和の心」さえあれば、商いは儲かるようにできているのである。原価に利益をのせて売るのが商売である。この利益の範囲内で経費は使うべし。これが商いの原点、商売の本道である。

簿記だ、会計だ、経営分析だと何も難しく考えることはない。この原点を元に少し塩味や醤油味を効かせ、甘みを加えミリンやお酒を少々入れるだけで美味しい「儲け」という料理ができ上がる。

昨年のことになるが、小泉総理は難問山積の中にあって衆議院を解散し、郵政民営化一本に的を絞り、結果絶対多数の議席を得た。強力なリーダーシップによるシンプルな訴え方の戦略的勝利である。経営も同じであって社内の誰もが理解し、消費者、顧客の賛同を得る。自然と儲けは後からついてくる。

経営には、会計や税務のワンイヤールール（One Year Rule）があって、一年を区切って決算をしなければならない。この一年ごとに、必ず利益に導くための儲けのリズム

（Profit Rhythm）の構築と変化に対応する機能性、これさえあれば、稲盛氏が作り上げた京セラのように、設立以来一度も赤字を出さない黒字企業ができ上がるのである。

大事なことは、決して先を急がないこと。自らの企業の能力と体力に合った経営で、舵を取ることである。

9 税　金

税金は厄介なものである。

「なければよいのに」、正直、誰しもこう思うであろう。しかし、現実はそうはいかない。厳然と税はある。厳格、冷酷なまでに税法は存在している。世界広しといえども、税のない国はモナコとケイマン諸島だけである。国により、人により、高い安いは千差万別である。要は「税」というものをどう理解し、受け入れるかだけの話である。これができなければ不幸である。不正であり不法になってしまう。

ここでいう税は、法人企業であれば法人税と法人地方税、個人企業であれば所得税と個人地方税、それにすべてに適用される消費税である。他に数え上げればきりがないほどに、数々の税が張り巡らされているが、ここでは省略する。

◎いやがるのは二流、三流の経営者

大事なことは税引前利益から税金を支払い、税引後利益から借入金の返済をするということなのである。利益が出なければ、借入金の返済はできない。そうでなければ資産の食い潰しをしているだけにすぎない。これでは事業は伸びないし、成長しない。

したがって、税金をいやがるような二流、三流の経営者の企業は、内部留保による自己資本比率を高め無借金経営に導くことは叶わない。「税引前利益－税金－返済＝内部留保＝自己資本充実＝無借金経営」につながっていくのである。すなわち、これが「成長リズム」(Growth Rhythm) である。この源は、「儲けのリズム」(Profit Rhythm) による「黒字経営の絶対を継続すること」(Continuation Of a black report)、つまり「黒字リズム」(Black Rhythm) によってもたらされる。

現行の税を高いと思っても、安いと思ってもよい。これを経営の中に組み入れて、はじめて成長リズムに乗るのである。これも自己と利他、反対の一致という現実を受け入れる経営者の強い意思とモラル次第なのである。成長リズムがわかれば、税は自らのために支払うのだということがわかる。こう思うことによって気持ちが楽にもなるし、救われる。遂には成長リズムが身につくことになり、企業は成長軌道に乗っていることに必ず気がつくものだ。

10 返　済

借入金は返済する。

当然といえば当然だが、大手企業の倒産や企業再生法による再生手法をみると、債務免除による再生が常態化しているように思える。役人が主になって、筍のようにできた第三セクターと呼ばれる事業体の破綻劇をみると、やり切れない思いがする。債務免除してもらうのが、当たり前と考えているのではないか。経営の立場にあった者や地方自治体の首長そして議員、この人々は、債務免除の原資はすべて納税者の血税であるということを理解しているのか疑わしい。何とも腹立たしい。

これはすべて典型的なマネジメントサークルの一つであるP（Plan＝計画）、D（Do＝実行）、C（Check＝評価）、A（Action＝改善）の甘さによって起きている。「しょせん他人事」として運営されてきた結果である。

中小零細企業の経営者は、こんなニュースに惑わされ、甘い考えをもってはならない。親方日の丸ではないし、誰か救世主が現れるわけでもない。返済できなければ身の破滅と心得るべきである。その心得があればこそ、成功するし、喜びの日々がある。

◎倒産を回避する7つのポイント

経営上、どうしても借入れは起きる。それは最小限であることが望ましいが、企業の成長のための積極的借入れは、中途半端では役に立たない場合もある。思い切ったP・D・C・Aに基づく額の決断をしなければならない。しかし、無理や冒険は禁物である。借入れに際しては、「倒産を回避する7つのポイント」をよく確認し、額を設定することが望ましい。

この7つのポイントについて、優良企業と中位程度の企業そして倒産寸前ともいえる企業を対比して、借入→利益（儲け）→「返済のリズム」（Return Rhythm）を説明しよう。

返済で最も大事なことは、利益によってのみ、それが可能となることであって、この原則を外さないことである。「税引前利益－税金＝税引後利益－返済＝儲け」となる。

利益が出ていないのに、借入額を減少させるには、①手元預金による返済、資産売却による返済、②経営者からの借入金の債務免除、銀行の債務免除（中小企業には可能性がほとんどない）、③増資による資金での返済等がある。これらは儲からないゆえの対策であって、消極的借入返済策ではあるが、企業を倒産から回避させるためには、早くスピーディーな決断と実行が必要である。多くの中小零細企業の経営者は、難事の対応力に乏しく、決断もまた鈍いようである。資金繰りにのみ頭を使い、根本的な解決法に向かわない傾向にある。これは、普段から会計を積極的に経営に取り入れて、身につけるという習慣がないからである。

しかし、私のみる限り、このことが致命傷になるケースがすべてといっても過言ではない。

①会計の重要性、②借入れ前の返済計画（鉄橋を渡る堅実性）、③儲けた内部留保資金を優先する経営手法、これらをミックスした地固さが身についていれば、借入れは必ず返済できるのである。しかも、それを実現すれば、仕入、経費、売上と循環する事業も必ず儲けのリズムに乗って儲かることとなる。

ごく簡単に7つのポイントの用語を示しておこう。

1　自己資本比率

小さな会社ほど高い方がよい。中小零細企業は50％を超えることが望ましい。

2　ギアリング比率
自己資本比率と正反対に50％を下まわる非借入依存が望ましい。

3　固定長期適合比率
比率は低いほど望ましいが、自己資本の範囲内が限度である。

4　収益フロー
一年の儲けのことで、この中から返済をし、内部留保の溜めを増加させる。

5　債務償還年数
借入金を何年で返済できるかの指標で一〇年を超えれば危険信号である。

6　インタレスト・ガバレッジ・レシオ
借入れた利息の何倍を稼げるかの指標である。

7　キャッシュフロー額
帳簿上の儲けた額と現金支払いの伴わない減価償却額の合計で、実際に使える額ともいえる。

倒産を回避する7つのポイント

	優良企業	中位企業	倒産寸前企業
1　自己資本比率 ＝自己資本／総資本	32.80　%	22.40　%	▲27.20　%
2　ギアリング比率 ＝（短期借入金＋長期借入金）／自己資本	122.29　%	195.01　%	—
3　固定長期適合比率 ＝固定資産合計／（自己資本＋固定負債合計）	44.70　%	31.30　%	—
4　収益フロー ＝　当期税引後利益（前期・前々期）	201,849　千円	2,976　千円	170　千円
5　債務償還年数 ＝（短期借入金＋長期借入金）／（当期減価償却実施額＋営業利益）	3.69　年	18.40　年	25.10　年
6　インタレスト・ガバレッジ・レシオ ＝（営業利益＋受取利息・配当金）／支払利息・割引料	11.22　倍	1.24　倍	0.36　倍
7　キャッシュフロー額 ＝　営業利益＋減価償却額	533,810　千円	47,725　千円	10,958　千円

（注）　優良企業・中位企業は、歴史もあり立派な企業である。両社共自己資本の低さが気になる。
優良企業は、ギアリング比率以下は申し分ない。中位企業は借入の重さによる債務償還年数を縮める努力が必要である。

倒産寸前企業は、すべてに悪い指標でコメントのしようがない。

11 儲け

「商売繁盛で笹もって来い」という意気のいい掛け声で、はじまる十日戎。関西には七福神のうちの戎様のお祭りがある。この福笹を買い求めて、一年中店に飾り、福多く幸多い、千客万来を願うのである。正月の一〇日、切なる願いを込めて、何十万人もの庶民がお参りをする。農家が豊年満作や五穀豊穣を願うのと同じである。

事業をする人は皆「儲け」を願っている。「儲けたい」「儲かる」「儲かった」の違いは先に述べた。ここでは最後に手にする「儲かった」のことを中心に説明していこう。

◎企業を儲けのリズムにのせるためのリズム

企業を「儲けのリズム」（Profit Rhythm）にのせ、さらに「成長のリズム」（Growth Rhythm）にのせる。そのためには「黒字リズム」（Black Rhythm）と「返済のリズム」（Return Rhythm）が必要となる。結局は、その次が大事なのである。社会貢献、世のため、人のためという「利他」があってこそ、企業が大成するといえる。逆に、「自己中心」の欲にかられた行動の最後には、必ず挫折が待っている。儲けがどんなに小さくても、「儲かった」喜びは味わえるし、社会貢献はできる。世の中には、地道に社会貢献をしている人、企業が多いのである。これこそ強い味方であり、目指す一つの方向性である。

「税引前利益－税金＝税引後利益－返済＝儲け」、この儲けは、単なる会計上の利益ではなく、キャッシュフローの利益でなくてはならない。会計上の利益については、極端に儲かっていても銭足らず、黒字倒産というのもある。だから、常にキャッシュフローを念頭に経営すること。これを鉄則とすべし。「(売上総利益4)－(人件費1)－(経費1)＝(利益2)－(税金1)＝(儲け1)」である。この儲けが、内部留保となり再投資資準備金となる。この算式を理解し、儲けのリズムに乗せると必ず儲かることうけあいである。

創業何年とか第何期決算という数字をみ、儲けの積み重ねであるところの自己資本をみれば、この企業のこれまでの儲けが一目瞭然でわかる。この自己資本の単純な積み重ねが、企業成長の鍵である。

第2章

経営者の心構え

1 こんな会社にしてみたい

経営に当たる人は、誰しも自らの企業を「こんな会社にしてみたい」との思いがあると思う。

これが事業のスタートであり、この思いから、理念や毎年の目標が生まれる。一人では、これを実行に移すことはできない。次のような人材（財）を集め、心と能力の結集を計ることである。

① 主体的に考え、行動できる人
② 失敗を恐れず、新しいことにチャレンジできる人
③ 自己を成長させる努力を続けられる人
④ 真のプロと呼ばれる知識・スキルを備えた人

会計的には、健全会計、実質無借金経営を目指すこと。理想は高くなければならないが、達成するコツは「腹七分経営」である。満腹の売上でなければ採算が取れないような

経営では、少しの売上減少で赤字になってしまう。入るを計って（売上最大）出ずるを制す（経費最小）というのは、満腹の売上で採算を取るということではない。腹七分と満腹の差三分は「儲け」の最大を意味するのであって、それは予想外の利益といってもよい。すなわち、事業は、常に満腹の売上が続くわけがないし、経済は常に小さく、または大きく振れるものである。この影響を加味した上で、採算を取っていくのが「黒字経営の絶対」を継続させる「コツ」である。そのための会計なのである。前にも述べたが、慌てず焦らず牛の涎れの如くというのが経営なのである。世の中のスピードや大企業の動向に惑わされて、そのペースに引き摺られないことである。こつこつと自らの企業を「こんな会社に」という熱い思いで歩めば、必ず実現できるものである。

私が所属するロータリークラブのメンバーに、素晴らしい人がいる。弁当箱を製造販売している会社の社長である。平家の落人伝説で有名な四国の祖谷のかづら橋より更に奥に入った在所から、大阪に出て事業を始められた人である。長い年数を経て、今では年商二十数億円の中堅企業に育て上げられた。

社長曰く「私の喜びとするところは、日本の子供達の半分以上が、わが社の弁当箱を使って育っていくということです」と。素晴らしいことだなあと思う。この社長は、毎朝誰よりも早く出勤し、会社の便所掃除をする。そうして、出勤してくる社員の一人一人に大きな声で「おはよう」と挨拶する。どんな経営者にもできないことを何十年も続けておられる。次に、何人もの社員と共に、会社の周囲の清掃をしながら、ご近所の奥さん方に挨拶する。これすなわち、一手一つの和の実行、身近な所からファンを作っていく、まさに経営の要を先頭切って走る二人三脚の具現である。

この社長も順風満帆でここまで来たわけではないが、「ベンチャー」「ロマン」「有言実行」と「誠実さ」で築いてきた。

「こんな会社にしてみたい」の大いなる参考になる立派な会社である。

さて、ここに満腹の売上での利益と、腹七分での売上の利益の対比をP／Lに示しておこう。人件費は、売上総利益の1/4、つまり自らの給与の四倍を稼ぐ、まさに優良企業型である。一般管理費は、売上総利益の1/4に抑える。残余の営業利益1/2（経常損益はゼロとして考えた）から税金を払い、1/4の税引後利益が残る。ここから返済し、内部留保や再投資資金を積み重ねる。

こんな会社になれば、成長間違いなしである。

腹七分経営の損益計算書（例）

P／L　　　　単位：万円

	項目	腹七分の経費	満腹の利益	項目	腹七分売上	満腹の売上
	売上原価	49,000	70,000	売上	70,000	100,000
人件費の４倍を確保	売上総利益	21,000	30,000			
粗利の$\frac{1}{4}$	人件費	5,250				
粗利の$\frac{1}{4}$	一般管理費	5,250				
粗利の$\frac{1}{2}$	営業利益	1,050	19,500			
	営業外収益・費用	0	0			
	経常利益	1,050	19,500			
	特別勘定	0	0			
粗利の$\frac{1}{2}$	税引前利益	10,500	19,500			
粗利の$\frac{1}{4}$	税金	5,250	9,750			
粗利の$\frac{1}{4}$	税引後利益	5,250	9,750			
	↓					
	返済と資本の増強	5,250	9,750			
	↓					
	再投資	5,250	9,750			

（注）説明を簡略にするため、営業外や特別勘定はすべて０とした。
儲けの理解を早めるため、人件費の４倍稼ぐ体質の強化の見本を示す。

売上は満腹の10ではなく７で儲かる。売上原価、人件費、一般管理費の管理の見本でもある。

人件費と一般管理費の合計で$\frac{2}{4}$の管理でもよい。

2 なぜ「程」なのか

「程」とは堅実経営のメモリーである。

この程をわきまえないで、利益なき拡大路線や横並び型の拡大路線に走ってはならない。「程」は「溜め」つまり、自力成長力のことである。他力は借入金依存であり、あのダイエーも最後は失敗した。倒産のすべてはこの「程」という経営のバランス、会計の健全性を堅持しながらの自力成長感覚の「箍《たが》」を外したものと言える。程をわきまえるということは、経営のみならず、人生を大きく誤らず、快適に送る、大事な要素でもあると思う。

◎「溜め」をもった「程」経営

「溜め」とは会計でいう自己資本、内部留保、自力成長力のことである。

野球選手が、一四〇キロ以上のスピードボールを打つのに、充分な溜めとスイングの強さ、速さで打つ。阪神の今岡や金本選手を見ればよくわかる。各選手は、自分の個性を活かし、いろいろな構え方をして打っている。横浜の種田選手は、何とも無格好な構えながら器用に打つ。各々の「溜め」を工夫し、スイングの強さ速さで、ボールの緩急や変化に対応している。これの上手い下手で、一流かどうかがわかれることになる。

経営もまったく同じことが言える。自己資本の溜めで、世の中のスピードや変化に対応する。過剰生産や過剰在庫、売上至上主義や無理な店舗拡大、一瞬にして変化する消費者の流れを読まない設備投資など、こうしたすべてに致命傷を受けない底力と対応力、経営者の読みと「程」があってはじめて持続的な成長を可能なものにする。この溜めの度合いによって、長打の成長か短打の成長かに分かれるのであって、短打狙いの堅実成長こそ「程」経営であると言える。

「程」経営の要素は、次の四つをリズミカルに回すことである。

① 儲けリズム（Profit Rhythm）
② 黒字リズム（Black Rhythm）
③ 返済リズム（Return Rhythm）
④ 成長リズム（Growth Rhythm）

この四つの回転が「程」経営を生み出すのである。

3 自らの経営に自信と目的と理念をもつ

これは人が働く基本的な柱になる要素で、少なくとも、この三つが揃っていなければ、経営者として相応しくないのではないだろうか。人間頭が良いとか、悪いとかよくいわれるが、能力はほとんど差がないと私は考えている。要は「やる気」と「やる時間の差」である。

私の場合は、自ら選んで資格を得た税理士を天職と思ってやってきた。私は高校生の頃から有言実行型で、それによって、自らの弱さを克服してきたし、今も変わらない。私は、この大学に入る。入れば税理士を目指すと公言していた。自らにプレッシャーを掛けて目的どおりになれた税理士業、だから、天職だと公言してきたのである。こうしたことが自分の働きに一本の筋を通し、あっという間の三七年となった。

したがって、人として一番幸せなことは、「仕事が趣味」といえるほどの熱意を込めて働けるかどうかであると考えている。その結果としての自己実現である。人生こんな素晴らしい幸せなことはない。

◎「やる気」があれば自信ができる

経営上の目的はいろいろある。まず自らの生活のために始まり、従業員を養うため、儲けて企業を大きくしたい。人をたくさん雇いたい。社長として立派であるといわれる人になりたい。そして、社会に認められ役立つ事業にしたい。経営の緒についてから夢はこのようにどんどん膨らんでいく。この過程に「やる気」があれば自ずと自信はできてくる。

理念も、緒についた段階では確固たるものは誰しもないが、他人を雇った段階から必然的に生まれてくるものだ。自らが理念や社是というものを持つことにより、目的達成のため自信に満ちた働き、二人三脚体制の動き、これがあれば、儲けの果実は得られることとなる。要は「やる気」で、他人の二倍働く、これを有言実行することである。

4 信なくば立たず

「信」とは何か、主体が変われば内容も変わるが、企業の信用はすなわち決算内容であり、提供する商品、製品、サービス等が社会に有益かどうかで決まることになる。

まず決算内容であるが、株式公開企業の場合は、誰でもが公表されている範囲内で、その内容を知ることができる。この決算内容によって、株式の売買をしたり取引するかどうかも判断できる。現行法においては、「商法施行規則」で、すべての株式会社に貸借対照表の公告義務はあるが、中小会社はそのほとんどが実行していないという現実が続いている。そこで、新会社法（平成一八年五月施行予定）は第四四〇条（計算書類の公告）で、すべての会社に対して決算公告を義務づけている。したがって、今後は法の無視は許されないと思わねばならない。中小会社であっても、決算公告は必要なのだ。

新会社法で、「会計参与」という新しい会社の機関が設けられた。税理士と公認会計士だけがその資格を有するのだが、会計参与は、会社の計算書類などを作成する機関であり、会社からは独立した立場にある。第三者である会計の専門家が、計算書類などを作成することによって、その正確性が担保される仕組みになっている。

中小企業の計算書類の正確性の問題が指摘されることは、これまで、たびたびあったが、会計参与制度の創設と、これを企業が積極的に採用することにより、中小企業の計算書類の正確性が向上し、会社債権者の保護につながることが期待できる。つまり、会社の信用を高める効果が一段と高まることとなるわけである。

決算内容の健全化に努めるべきであるが、決算内容がいくら良くても、提供する商品、製品、サービス等に問題が生じたり、市場での評判が悪ければ、メディアの発達した現在では、信用は瞬時に落ちる。たいへん怖い世の中になっているのである。

得意先や一般消費者に限らず、仕入先や外注先にも信用を失うと、たちまち企業は立ち往生することとなる。これからの時代は、特に銀行に決算内容の信用が問われ、決算書そのものの信憑性が重要視される。間接金融によって、資金調達をしている企業が、一挙に直接金融や内部留保金で資金が賄えるわけもなく、銀行取引は事業活動上重要な位置を占めることとなる。

また、これまでに述べてきたように、経営者が、従業員と二人三脚で走る姿勢があってこそ、事業活動は始まり、「信」の要（かなめ）を成すこととなる。こうしたすべてが相互に機能して企業が社会に立つことになる。

5　会計を柱にする

「会計」を事業経営の柱にするということは、経営者にとって絶対的条件である。ところが、一般には経理と会計の理解が明確ではなく、その重要性の認識も極めて低い。

経理とは、簿記でいう五つの要素（資産、負債、資本、収益、費用）を管理し明らかにするための事務で「accounting」に該当する。経理は、正確で真実の記録が使命である。経理は通常、「簿記」によって進められるが、簿記とは、一定期間における企業の経済取引を一定の記録方法で帳簿に記録、計算、整理し、企業の資産、負債、資本と収益、費用の増減を明らかにする計算制度である。

◎会計こそは経営の羅針盤

この経理によって記録、計算、整理されたものを経営の情報として表示したものが、「会計」である。この会計情報を羅針盤に経営の舵を取るということが、私のいわんとする「会計を柱にする」という意味である。

この会計と経営者がかみあって始めて会計に生命が宿ることとなる。

この会計の前後作業ともいえる経理事務の現実対応をみると、仕訳伝票の整理や総勘定元帳の作成など、経理に関する事務作業を会計事務所に依頼している企業が、六八・三パーセントを占めている（中小企業庁による約五〇〇〇人を対象にした調査）。

自社で一貫して財務諸表まで作成する自計化企業は、二九・二パーセントと、少ない。しかし、いずれにしても九七・五パーセントもの中小企業が経理処理をしていることになり、法に定められた記帳義務は果たしているといえる。

ちなみに、私の会計事務所でのクライアントの経理処理状況は、次頁の表のとおりである。


こうしたことは、企業の経理に関する効率化と経理人材の不足も影響していることを物語っているが、経営者の会計に対する姿勢、関心が、最も大きく左右しているといえる。

こんな人も現実にある。「先生、帳面をいくらつけても儲かりまへんやろ、だから先生とこに任してますねん。そやから安くしといてや。」これは決して笑い話ではなく、この程度の会計に対する理解で日常業務に追われているという小零細企業は圧倒的多数である。帳面をつけている理由は、税金の申告があるから、というのが現実に一番多いのであ

私のクライアントの自計化件数

（平成18年２月１日）

	法人	個人	全体
自計化済	27.7%	11.7%	21.4%
入力済	27.1%	18.9%	23.8%
ＯＣＲ入力	18.1%	12.6%	15.9%
手入力等	27.1%	56.8%	38.9%
合計	100.0%	100.0%	100.0%

※平成18年２月末時点　電子申告完了件数：24.3%
※平成18年２月末時点　添付書面完了件数：87.5%
（新規契約で決算未提出以外は100%）

る。まったくもって、自らの経営のためではないのである。会計不在といえる。自計化が進み、経理や会計が、経営に必要不可欠の存在になるかどうか、それは中小零細企業では、経営者の姿勢にかかっている。税法という法律があるから帳面をつけ、利益が過大にならないように役員報酬で調整する。この現実の中から、儲けのリズム、黒字リズム、返済リズム、成長リズムを気長に説く以外に方法はないと考えている。

法的には、計算書類の作成に当たっては、現行商法第三二条第二項において「商業帳簿ノ作成ニ関スル規定ノ解釈ニ付イテハ公正ナル会計慣行ヲ斟酌スベシ」と規定されており、新会社法では、第四三一条に「株式会社の会計は、一般に公正妥当と認められる企業会計の慣行に従うものとする」に置き換えられ、より厳格な会計指針が求められている。そこで、この度「中小企業の会計に関する指針」が公表され、中小企業の会計の資質を高めることになった。

経営の羅針盤としての会計は、今後この指針に従うということである。経営者は、この中味についての処理は税理士に任せても「会社という車」を走らせるために、会計というスピードメーターやガソリンメーターを見ながら、運転する必要がある。メーターを見なければスピード違反（無謀な拡大）やガソリン欠乏（債務超過）に気づかず会社を潰すことになってしまう。株式会社の有名無実といえる脆弱資本を代替した個人保証制度、その背後には土地神話の不動産担保があった。この二つが、会計軽視の社会を創り出したのである。ところが、今では土地神話が崩れ、無担保、無保証融資の流れへと大きく転換してきている。まさに、信用は会計の中味という時代の到来である。

会計を柱にすることの要諦をまとめておこう。

① 計数管理の観念ができる。

② 儲けのリズムに乗せるため、腹七分経営に会計の助けが必要である。

③ 黒字リズムがいかに重要か、信用を生むか、働きに自信をつけるかが会計によってわかる。

④ 返済リズムを身につける、返済をスムーズにするためには黒字が絶対、キャッシュが必要、安易な借入れを防ぐ経営へと向かわせるのに会計が必要である。

⑤「程」経営が生み出す溜め・内部留保の積み重ねが自力成長の軌道に乗せる。会計によって理解が深まる。
⑥会計を明瞭にすることにより社内、社外の信用が倍加する。
⑦良い方向への流れは簡単には崩れない。
⑧無担保・無保証の借入れを可能にする。

6 自らの資質を磨く

資質を磨くことこそが、企業の五則の基を成すものである。企業は経営者の指揮によって動く、企業を儲けさせるのも儲からなくするのも、経営者次第なのである。

儲けたいと誰しも思っているのに、現実はそう簡単には儲からない。なぜだろうか。そこが本書のテーマである。儲けたいという思いが強ければ強いほど、その思いを儲けのリズムに乗せ、自らの事業に没頭、傾注し、その仕事を趣味といって憚らないくらいに打ち込めばよい。

その中に、自らの資質を問われる課題が、湯水のように出てくる。この一つ一つを解決し、その手法を身につけていくことである。その第一の前提は、自らは他人の二倍も三倍も働くことである。事業の中味に精通し、すべて自分でできるようになるべきである。そうであってこそ、人はあなたのいうことに耳を傾ける。

◎私の場合――職業で自分を磨いた

私の場合、自ら依頼者探し（営業）をし、事務職員一人の時から一〇人を越えるまでは、振替伝票、帳簿つけ、試算表作りから決算、法人の申告書別表作成、税額計算、顧問先の社長への説明、押印、申告書の提出、役員変更登記の議案書作成、司法書士への登記依頼、すべて一人で行った。その間に、事務職員（スタッフ）を育てるため、簡単なものから実習させ指導した。税務調査があれば、その立会い、交渉、結着、修正があれば修正申告書作り、会社への説明と事後対策をする。

さらに、自分の事務所を大きく成長させるための営業に力を注ぎ、銀行へ足繁く運び、顧客の紹介を受けれるように、支店長、次長、融資課長と話をする。銀行への信用作りのため、当時喜ばれた預金を心掛ける。ほんの少しの金額でも積立預金、定期預金にし、目立つよう満期が何度も来るよう努めた。

肝心の顧問先であるが、月に何度も訪問し、紹介を受けれるよう、まず、先方の満足を勝ち取ることに専心努力する。そのためには適所適所のアドバイスを心掛けていた。私に流れる商売人の血が、おおいに役立った。一例を上げれば、借工場で仕事をする人には自前の工場の効能を勧める。賃借料と取得後の借入金の返済と支払利息の対比を示す。そうして、貸借対照表の資産作りを説明し、会社の重み作りの手順を示した。それを実行に移すため最適の土地を探し、借入銀行を紹介する。

一見税理士とは言えない動きであるが、これが私の特徴である。こうした動きに呼応して、徐々に依頼者が増えていった。収入と人件費を睨み（費用対効果）ながら、事務所の職員を増やすことに努める。その理由は自らの時間作りをするためである。この時間をより多く営業活動に回すことが一番の狙いである。自らには贅沢を戒め、収入資金は事業に投入、余剰金は銀行への信用作り、顧客の紹介を受けるために、銀行は一行に集中した。

こうした自らのアンテナ作りが、おおいに効果を発揮した。広告を厳しく規制された税理士という業界ゆえの知恵である。

この活動の中から人付き合い。職員との二人三脚のコツを覚え、異業種との交流の場への積極参加によって、これも営業に効果が生まれることとなった。あるとき、兄のかばん持ちをしていた私の学生時代に知りあった、上場企業のゼネコンの人が営業部長になって挨拶に訪れた。今から三〇年ほど前である。これが私を大きく飛躍させることになる。

私の生まれ育った所は、大阪市ではあるが、当時、大阪では最も農地の多い所であり、この農地活用をしなければ、町は発展しないと常に考えていた。「土地の有効活用と税金問題」というプランを作成中であった。正にグッドタイミングだった。この部長は、このプランをぜひわが社にやらせてほしいと言われた。このタイトルでのセミナーを開始することになった。

セミナーの場所は、ゼネコンの系列銀行を常に使い、この銀行の顧客に声を掛けてもらう。結果として、銀行も融資の道が開ける。近畿二府四県の支店を中心に会場を移動していった。ゼネコンは、マンション建築、ビル建築の受注を受けることができる。土地所有者は、鰻登りの路線価の時代に、相続税対策ができ、大きな収入になる。銀行は、安定長期融資ができる。三方良しである。

私は一時間半から二時間の講演と個別の対応をして、今から三〇年も前であったが、一回で三〇万円も貰った。しかし、このセミナーを数回重ね、軌道に乗りかけた段階で私としては三〇万円の講演料を断った。これが私の信念である。私は税理士であるから、金額は問わないが顧問契約でない会社になぜ私が御社一社の受注取りに協力しているのか、他の顧問先や地主への説明がつかない旨を説明し、安定収入と何より顧問という看板を獲得することを目指した。

難題ではあったが、努力を重ねて東証一部上場企業の顧問になることができた。また、このゼネコンの紹介で一流商社の顧問にもなり、銀行直系のビッグな不動産会社の顧問にもなることができた。近くの欲を実現することより先の得を狙った結果であった。世の中を見渡し、先を見て人を助ける仕事、喜ばれる仕事をすれば必ず報われるのである。

「人を助けて我が身助かる」まさに私の人生はこの連続である。自らを磨くとは、座禅や滝に打たれたり、有難い話を聞いたり、奉仕やロータリクラブ等の場で教わることではない。これらは、どこまでいっても枝葉であって、『資質を高める場所は別の所にあるのではない。核になるものは自らの仕事、職業の中にある。』「儲かった」を手にする過程で、答は自らの仕事の中にあり、仕事の難問を一つ一つ解決していく度に、自らの資質は高まっていると考えていただきたい。

難問を解決していくにも、資質を高める絶対的条件を掲げておこう。

① 経営はいかにあるべきかを常に考える。
② 正しい判断基準を持つ。
③ 自らを律する意味から、自分に厳しく、人にはやさしくすること。
④ 会計の本質と、そこに働く原理を経営に取り入れ、その情報と共に仕事をする姿勢が必要である。
⑤ 会計重視の姿勢から儲けリズム、黒字リズム、返済リズム、自己成長リズムがきっとみつかる。
⑥ 二人三脚の姿勢で働けば、必ず勢いが出る。
⑦ モラルと社会貢献を旨とすれば、自然に自らの資質は高まっていく。

7 事業の中味に未来があるか

どんな業種でも世の中から完全に消えてしまうことはない。どう生き残り成長するかに取り組むべきである。「生き残りは最大の営業なり」だが、生き残るという思いだけでは逆に生き残れない。そこには、①努力、②工夫、③能力の結集、④先見性、⑤会計の健全性（未来ある事業をみつけるまでの時間、財務力の助けが必ず必要となる。そのための健全性を常に保つこと）、⑥経営者の魅力、⑦信用とファン作りが必要である。

「夢みつけ隊」という通信販売の雑誌が、毎月送られてくる。アイデア商品満載の雑誌である。なるほどと思わせる商品が実に多い。誰かが考案し、作り、販売する。世の中あらゆる所でコツコツ努力している人が大勢いるものだ。情報過多の時代、通信販売の雑誌が山と送られてくるが、見るのも大変、見てもらうのも大変である。

◎本業の「一点凝視」から未来を探そう

じっくり腰を据えて本業を見詰めるとよい。必ず見えてくる。マイナーな事業であっても、意外なところに価値は見出されるし、利用されるのである。京都に、地方に、たくさんの伝統商品とそれを扱う老舗がある。これらはなぜ続いているのか、どうして続くのか、どうやって続かせているのかを考えるとよい。老舗は、決して事業を大きくすることに力を注いでいない。商品にこだわり、伝統にこだわっている。しかも常に新しいものを探求し続けている。それは、東京や大阪のようにパワフルで華やいだ街に身を置いていると気づかないものである。心静かに千年の古都の京都や地方に足を向け、歩いてみるとヒントが掴めるものだ。

かつては小さな和菓子の店だったが、東京や大阪や大都市のデパートのほとんどに出店するほど、大きくなった例もある。また、小さな店で一日何個の数量限定でしか販売しないで立派に永年成り立っている店もある。季節感溢れる商品、伝統ある商品、贈答用商品、手軽な品選び、小単位での購入可能な品作り、包装紙の工夫、しゃれたパンフレット作りや店のしつらえなど独自の工夫をこらしている。

さて、ひるがえって自分の企業はそれらに敗けない努力をしているだろうか。一点集中に凝視してほしい。自らの企業と重ねてみると必ず相違点がみえてくる。この視点の中から、そうか、こうすればいいのかという「見つけ隊」が現れる。二四時間、三六五日、常に考えていると、町や村の風景やテレビ、雑誌、本の中から、発展する企業や古い伝統の企業を重ね見る中から必ず未来は掴める。これは、よそ見をしているのではなく観察しているのである。「人のふり見て我がふり直せ」という教えどおりではないか。

中国や東アジアの企業に、大企業の下請け仕事を奪われた中小企業であるが、オンリーワンの自社製品・技術を開発して、独自の強みを築き上げている会社も少なからず存在する。経営者自身が現場の第一線にいる強みと、多能工の育成やセル生産の導入による柔軟な多品種少量生産も中小企業の強みである。

私のクライアントに、ミクロのファインメッシュ技術で、ハイテク社会の明日をグローバルに織りなすという会社がある。私が生まれ育った大阪の平野はかつて周辺地で栽培する河内木綿を商い、戦国、江戸時代の昔から海外貿易をし、おおいに栄えた自由都市で、環濠を築いていた。私の生家もその端くれだが、この会社は、この河内木綿の伝統的技術の中から精密な金網に再現させるために新しい技術を導入し、ファインメッシュのリーディングメーカーとして、さまざまな産業分野に貢献している。世界有数の電子部品メーカーが、セラミックスチップコンデンサーやプラズマディスプレーを製造する工程で、この会社の製品が使われている。年商は三十数億円だが、常にこの一割以上の利益を出して、申告しているのは素晴らしいことである。このように、何百年も昔からの伝統の中で、今は、栽培されていない河内木綿の技術を基に超最先端技術が生まれている。「一点凝視」の中から新しい未来が拓けた見本である。

8 一寸先に光を見出す力があるか

経営者の資質が大きく左右し、社員の日頃の研鑽も必要だ。ＮＨＫの人気番組だった「プロジェクトX」は、一寸先の光（ヒント）を見出すことをテーマにしていたが、一寸先の光はなんでもない所にあるものだ。なんでもない所にある光を掴む力があるかどうかが、唯一の問題である。死に物狂いで取り組んでいるときは見えずに、ちょっとしたときに見つかるのだが、前段の死に物狂いの取り組みがあってこそそれがある。

◎光を見つける――企業体質の変化

どんな事業でも、不思議なことに売上が落ち、利益が上がらない状況が続くと、内容を落として利益を出そうとする。飲食業であれば、食べ物の内容が落ち、人を減らしサービスも落ちる。どの事業によらず、悪い方向への流れは加速し、破綻を早めることが多い。私は、こうした流れの中小企業を数多く見てきたし、大きな企業であっても同様なことが起きるのが不思議である。

これは、光を見つけようとしているというより、むしろケチケチな対応に終始し、赤字を小さくしようとしているだけのことである。この対応を客が見逃すわけもなく、客離れが加速していく。一寸先の光は、そんな後ろ向きの対応で輝くものではない。業績が落ち出した時の苦しみは、大変なものであるが、それだけに人員削減もやむなしとはいえ（少人数企業ではこの対応はできない）、本当のリストラ（事業の再構築）が必要である。

財務の立て直し、不良資産の除却、債務超過であればあるほどその解消を急ぎ、銀行融資の協力を得る。時間を稼ぐことにより、販売商品、製造商品の見直しをする。このとき忘れてはならないのは、商品の内容である。流行先取りで消費者が吸いつけられる魅力ある物かどうか、目新しいものかどうかが、非常に大事といえる。こうして、従来の企業体質に大きな変化を持たせることが、必要なのである。

◎守勢に弱い中小零細企業

一例として、こんな会社がある。五社に分散していた会社を一社に集約し、不良資産を除却し、支店や営業所、倉庫を売却し、債務超過を解消したのである。一社になったので会社内容を明確に把握できることになり、今では銀行は積極的な協力姿勢に変わり、苦しんだ数年前とは比較にならない明るさが社内に戻っている。まさに、この会社は、一寸先の光を得たのである。この間の社長の集中力、熱意、必死さは社内外に伝わった。私も痛いほど、それを感じたので全面協力し、会社にとっては、厳しい対応に応じてもらうことになった。

ここで、一番光った点は、この社長が決して諦めなかったことである。これは、他の中小企業が、一様に守勢に弱いのとは大違いである。中小零細企業の多くが守勢に弱いのはなぜか。普段は間接金融にどっぷりと浸かり、受注や売上は相手次第ということが多く、今を熟すのみの仕事に追われている。また、会計の内容そのものには目を向けず、気にするのは常に資金繰りであり、決算ごとの税金である。最近では、その多くが利益を出すのに、身を縮めて、役員報酬も少ししかとれていない。これは会計の中味に溜め—内部留保の自己資本がいかにも脆弱なために起こる現象で、中小企業を守りに弱くさせる原因となっている。なぜなら、中小企業は、大企業とは違って、人員削減や経費の縮小、合併や子会社の売却、店舗や工場の売却といった大きな効果をもたらす手法は使えないのである。

だから、決算ごとの積み重ねによる自助努力こそが、一寸先の光を見い出す力を授かるのである。「天は自らを助くるものを助く」の教えのとおりである。

9 攻めこそ最大の防御というが

中小零細企業では、「攻め」ということを勘違いしてはならない。

攻めとは、事業拡大や設備投資による売上至上主義的な方法のみではない。最も理解しやすい例として、どの温泉地にもある大型ホテルがある。新しければ、素晴らしいホテルとして客には喜ばれるが、この客が果たして何年続くか、投資額の償却が済むまで続くか、どうかで死命を決することになり、ちょっとでも客足が途絶えると大変なことになる。この建物投資額は数十億円に上り、借入金と利息が重み、償却の膨大な額に悩まされながらの経営となるのである。

日本では、どうしても横並び型や追従型の対応が多い。このように、従来の攻めとしては、土地を買い、工場や店舗やビルを建てたりして売上増加を計る典型的な手法が取られてきた。これは常に人口が増加し、全体としてのGDPも増加していた経済下で行われていたので、土地神話が崩れ、地価の低下が続く現状で破綻が続いた。加えて、先に述べたように、日本では、実人口減少と購買層人口の減少という時代に入って、売上至上主義の終焉を告げている昨今である。消費者の構造的変化を注視した、攻めの対応が大事である。

◎「量的攻め」から「質的攻め」へ

さて、これからの攻めは、「量的攻め」ではなく「質的攻め」が肝要である。量的攻めは、従来型の大企業中心的手法で、中小零細企業はその追従型といってもよい。それに対して、「質的攻め」とは、自社の競争力を磨き込み、持続的な内容充実を目指す、成長志向である。これこそ企業を永続化させる原動力だといえる。

①内部留保を積極的に増やす。
②新製品や新しいサービスへの研究開発を推進する。
③知識、スキルを備えた人材を育成する。
④無借金経営を目指す。
⑤自力の業務拡大を図る。

10 一番悪いのは見たくない現実を見ない経営者

私は大の阪神ファンである。だから、阪神が負けた翌日の新聞は読みたくない。テレビのスポーツニュースも愉快ではない。こんなファンが大勢いると思う。なぜ負けたのか、どうすれば勝てたのか、素人考えで思ってはいても、専門的な野球解説者の記事は読みたくない。これは、無責任に一方的に阪神が好きなだけの単なるファンだからこそ許される。企業の経営者は、自らの事業についてはこのような無責任は許されないのである。

◎経営状態が悪いときこそ経営者の出番

経営者は、現実を常に直視することが大事である。経営状態が、悪くなっていくときや悪くなってしまったときこそ、経営者の出番である。改革改善の先頭に立ち、現場を指揮し、自らがやらねばならない肝心な所は全力でこれを解決まで導かねばならない。中小零細企業の二大欠点は、諦め感が強いこと、経営者が先頭に立たないことである。こうした現象はどこからくるのかを考えてみたい。事業を立ち上げたときは希望もあり、年も若く他人の二倍三倍働けた。ところが、二〇年三〇年と経ち、年を重ねて、経済の伸展に合わせ経営も楽にできた時代に身を置き、今となっては瞬発力を失ってしまっている。だから、自然に動きが鈍くなっているのである。根気も薄れて、現実を注視する力が弱まり、耳触りの良い報告は聞いて資料も見るが、反対に悪い報告や悪い資料はまるで見たくないという心理が働いてしまう。困ったことに、一応はトップの座にあるので、後継者や他の者は遠慮して積極的な意見も出さない。そのうちに良くなるだろうという希望的な観測が頭を覆い、税理士や専門家に相談するのも遅れる。こうしたうちについつい時間が経つのである。この僅かの間に悪い状態が進んでいく。先に示したデータによれば、中小零細企業の自己資本比率は、資本金一〇〇〇万円未満では四・五パーセント、一〇〇〇万円超一億円未満で二三・三パーセントとまったく脆弱な状態で「溜め」がない。だから時間稼ぎができずたちまちにして悪くなるのである。

このような現象に陥らないように、①早くから後継者を育て、②権限委譲し、③常に会計の情報に目を通し、専門家のアドバイスを受ける。直ぐに手を打つ、これを連続的に行うことである。見たくない現実にこそ、飛び込んでこれを見、解決するまでやってのける。これでこそ経営者である。

企業や人生に、スランプやピンチは必ず訪れる。「地震・雷・火事・おやじ」今では「カアチャン」も入るのかしれないが、経営者には、「恐いもの」が必要である。ところが、大小の違いがあっても、経営のトップになるとこの恐いものを忘れてしまう。

西武鉄道の堤義明氏、ダイエーの中内功氏、三菱自動車・カネボウの元会長や社長、いずれも権力はフルに活かしたが、「恐いもの」を忘れてしまった。それは、法律かも知れないし、債権者、銀行、株主かも知れない。いや、もっと大事な恐いものは、仕事、会社、家族を失うこと。究極は、自分をも失うことであるかも知れない。

第3章

いざ創業、まず創業

1 空前の起業ブーム到来

二〇〇一年九月、小泉首相は、臨時国会の所信演説で「新規開業数を五年間で倍増する」と、政府主導で起業ブームをおこすことを発表した。

では、会社とは、いったいどれほど創られ、どれほど消えていくのであろうか。上の表は、年代別の「企業の新規開設と閉鎖数の推移」である。

このように、開設数と閉鎖数は一九八〇年代中盤を境に逆転現象となっている。開業率が四％で廃業率が六％という厳しい経済状況下で、中小企業庁は創業、新事業などの新たな事業活動に挑戦する中小企業者等を積極的に支援する制度と

企業の新規開設と閉鎖数の推移

年代	開設数	閉鎖数
1979～81年	295,998	191,146
1982～86年	230,967	216,548
1987～91年	189,776	215,024
1992～96年	143,375	171,559
1997～99年	184,557	276,730

して「中小企業挑戦支援法」を二〇〇三年二月一日に施行した。この制度では、五年以内に株式会社、有限会社の最低資本金を満たさなければならないが、いわゆる「一円起業」が可能になったのである。その結果、この制度を使って、なんと二万社にも上る会社が設立された。

このころから若手ベンチャーや中高年、女性起業家たちの支援を目指し、自治体や商工会議所、経営コンサルタントなどが主催する「起業・創業セミナー」「大学発ベンチャー」「一円起業」といった各種セミナーが、全国各地でいっせいに開催された。政府も起業支援という名目で予算を組み、補助金や助成金の資金面、さらには人的面、法律面、税制面と、ありとあらゆるバックアップをしている。

二〇〇五年版「中小企業白書」では、「就業意識調査」において、企業の被雇用者に対し、「今後自ら経営者として事業を起こしたいか」と尋ねた結果、一般的な開業志向は女性より男性が、中高年より若者がより高いというデータが出ている。〈表1〉

また、同調査において、「自ら事業を起こしたいと考える理由」については、「自由な労働」「年齢に関係なく働きたい」などが大きな比重を占め、「明確なビジョンを持っている」というのが一番の理由とはなっていない。〈表2〉

〈表1〉男女年齢別の開業志向

(歳)	全体	男性	女性
20-29	29.1	43.8	18.9
30-39	27.8	39.1	19.5
40-49	25.1	36.5	12.0
50-59	24.0	30.2	12.8

資料:(株)ニッセイ基礎研究所「働く人の就業実態・就業意識に関する調査」(2004年)

〈表2〉自ら事業を起こしたいと考える理由

順位	理由	比率(%)
1	自分の自由な裁量で働きたい	62.3
2	年齢に関係なく仕事がしたい	46.7
3	自分のやりたい仕事で明確なビジョンとなっていることがある	35.8
4	時間的にゆとりのある生活がしたい	34.6
5	独立した方が収入が増える可能性が高い	31.8

(複数回答可)

資料:(株)ニッセイ基礎研究所「働く人の就業実態・就業意識に関する調査」(2004年)

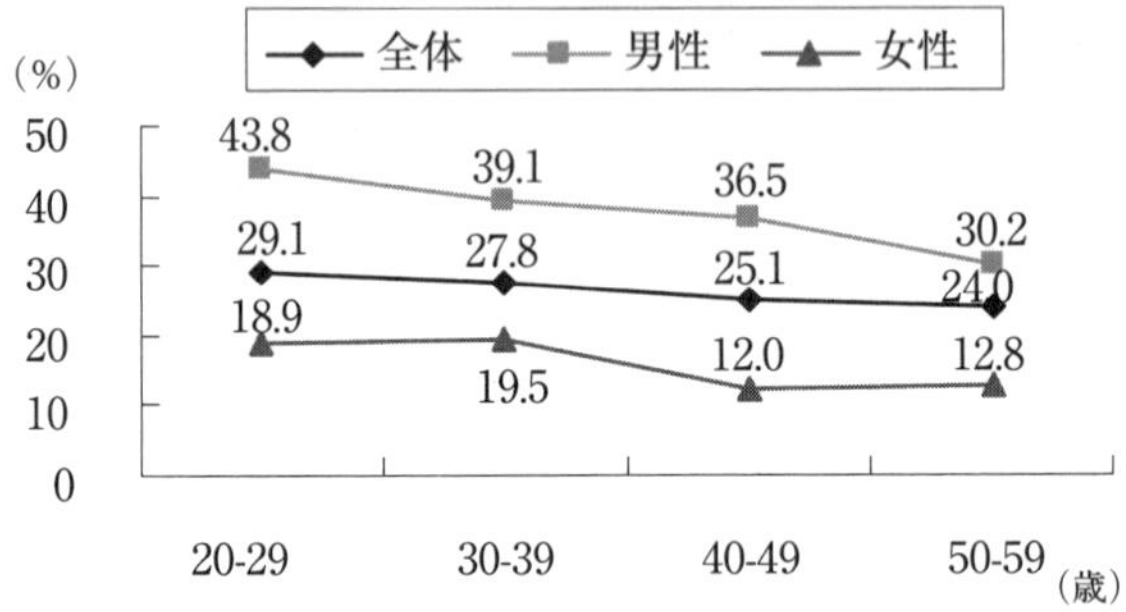

◎起業の夢と覚悟

しかし、そもそも起業とは、政府が先頭に立ったり、セミナーを受講して、ブームに乗って設立したりするものなのだろうか。先輩創業者たちは、セミナーを受講したり国の職業訓練学校に通ったりはしていないはずである。不況、少子高齢化、国の財政難の今の時代に、そんなに会社が必要なのだろうか。起業は決して国が煽るものではない。しかし、団塊の世代六八〇万人の退職、脱サラ組、若手起業家、女性起業家と、今後、空前の起業ブームへと加速することは間違いないと思う。反面、見込み違いや詐欺被害によって倒産、廃業、自己破産、自殺者が増加していることも見逃してはならないのである。景気対策のブームに乗るのではなく、起業には本来、夢があり、野心があり、志があって、同時に、競争に打ち克つタフな精神力としたたかさと覚悟が必要であるということを知ってほしい。そのことを自問自答してからでも、起業は遅くはないのである。

2 会社設立の手順

ここ数年、会社設立のブームが続いていることは先に述べたが、ここでは、実際に、株式会社を設立する手順について、フローチャートで説明しよう。後述するが、昨年、商法が改正され、今年春に施行予定の新会社法では、有限会社は新たに設立できなくなる。したがって、ここでは株式会社の設立に焦点を絞って説明していくこととする。

① 基本事項の検討

まず、株式会社を設立するためには、事前に基本事項の検討が必要である。基本事項とは、商号、本店所在地、営業目的、出資者、資本金、役員、営業年度などで、これらを決めておかないと次のステップに進むことはできない。

商号……会社名。ローマ字の利用可。

本店所在地……本社を置く登記上の住所。実際には、別の場所で事業を行っても構わないが、これが決まらないと、管轄法務局が決まらないため、商号、目的と共に最初に決めなければならない。

営業目的……具体的で、違法性がなく、明瞭に表現することが必要。法務局の判断で認められないものもあり、事前に法務局や専門家（司法書士、税理士）に相談する方がよい。
出資者……資本金の出資者の決定。一人でもよい。
資本金……最低資本金一〇〇〇万円以上。（新会社法では一円以上となる）
営業年度……〇月〇日～〇月〇日まで。期間は自由。

② 類似商号調査

類似商号とは「同じ市町村（区）内の会社で同一の事業目的を有し、かつ商号がまったく同じあるいは混同しやすいもの」を指す。これから会社を設立しようという場合には、自分の会社の本店を置こうとする市町村（区）内に同一の事業目的で同じ（あるいは似た）商号の会社が既に存在していないことを確認する必要がある。（ただし、新会社法では類似商号禁止規定はなくなることになっている）

③ 代表者印の作成

会社の商号が確定すれば、代表者印を注文する。登記には代表者印のみが必要となるが、同時に銀行印やゴム印、さらには名刺も注文しておいた方が良い。印鑑の作成には一週間以上要するので、商号が決まれば、すぐに注文しておいた方が、設立申請の書類の作成にも便利である。

④ 定款作成

定款は「会社の憲法」と呼ばれ、会社内の最高法規である。定款の記載事項は、「絶対的記載事項」、「相対的記載事項」、「任意的記載事項」の三つがあり、公証人役場で認証を受ける必要がある。

〔絶対的記載事項（記載されなければ、定款が有効とならない事項）〕

・商号
・会社が発行する株式の総数
・会社の設立に際して発行する株式の総数
・本店の所在地
・会社が公告をなす方法
・発起人の氏名及び住所

〔相対的記載事項（記載しないと法的拘束力が生じない事項）〕

・変態設立事項
・株式の譲渡制限
・株主総会の議長
・取締役の任期延長

・取締役、監査役の員数など
〔任意的記載事項（記載しても法的拘束力は生じないものの、定款で明確にしておくことで、会社の運営がスムーズになる事項）〕
・営業年度
・定時総会の開催時期
・株主総会の招集者、招集方法、決議の方法、議決権
・取締役、監査役の資格
・役員報酬の決め方
・配当金の支払時期

⑤ 定款認証

定款を作成し終えたら、公証人役場で定款を認証してもらう。

公証人役場で、用意しておいた定款三通と収入印紙四万円を提出し、公証人は、定款の内容を確認し、当事者（又は代理人）に定款の記名押印を自認させ、その旨を定款に記載して認証する。

定款の認証手続が終了すれば、印紙を貼付した一通は公証人役場に保存され、残りの定款を手数料五万円と引き換えに受け取る。

⑥　株式払込み

出資金を金融機関へ払込み、「株式払込金保管証明書」を発行してもらう。

ここで、問題になってくるのが、この出資金を払込む金融機関を決めなければならないことである。通常、本社から近い便利な金融機関を選ぶことになるが、個人事業から法人成りする場合を除き、はじめての取引となるケースがほとんどなのである。つまり、いきなり出資金を払込むといっても金融機関が引き受けてくれるとは限らないわけである。名刺は当然、あらかじめ事業計画書なども作成しておき、金融機関の担当者に説明して、まずは顔を覚えてもらうことが必要になってくる。（ただし、この「株式払込金保管証明書」も新会社法では不要となる）

⑦　設立登記申請

会社の本店所在地を管轄する法務局で、株式会社設立の登記申請をする。

・株式会社登記設立申請書
・登録免許税納付用台紙
・定款
・取締役及び監査役の調査書

株式会社設立フローチャート（旧商法）

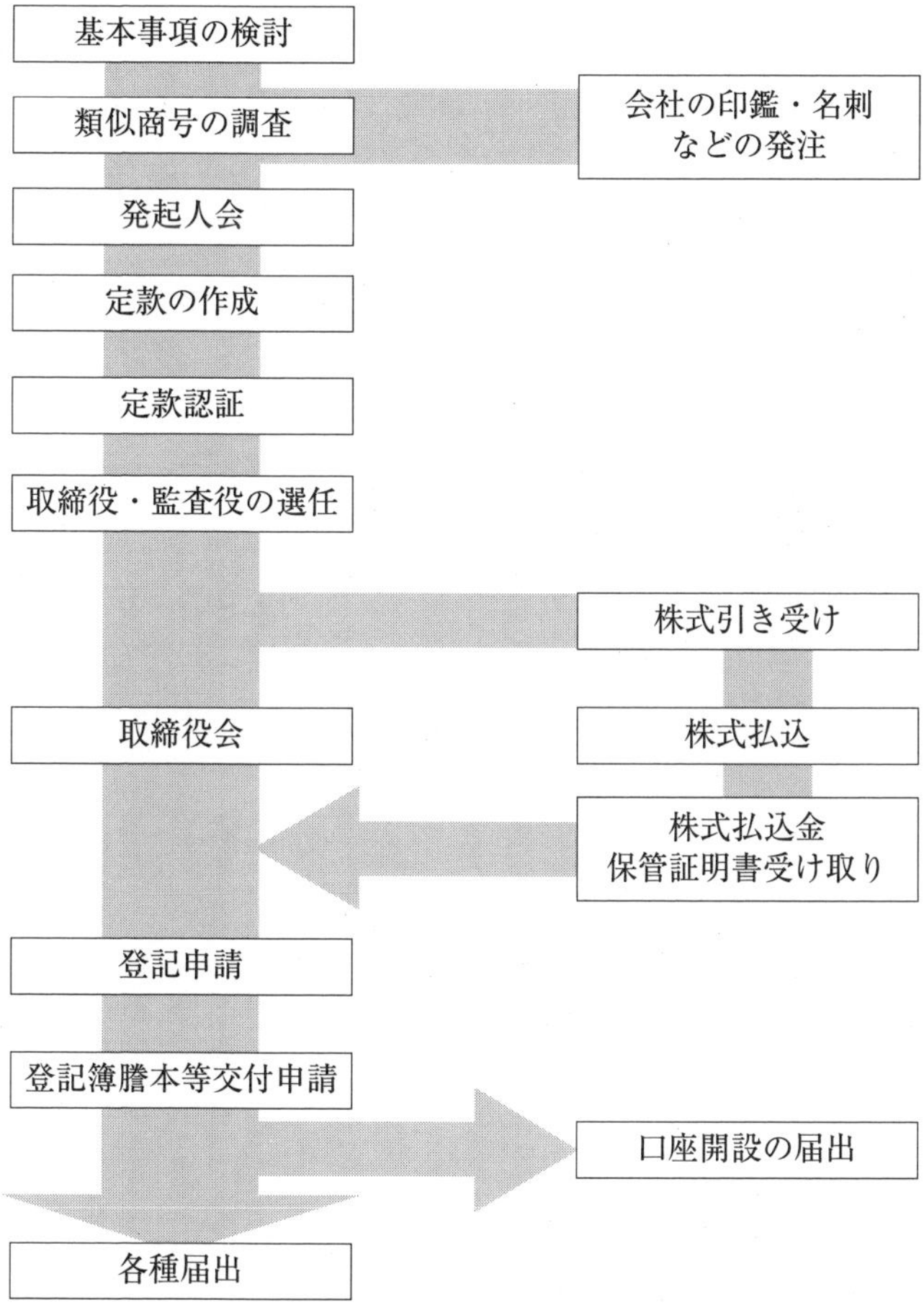

株式会社設立フローチャート（新会社法）

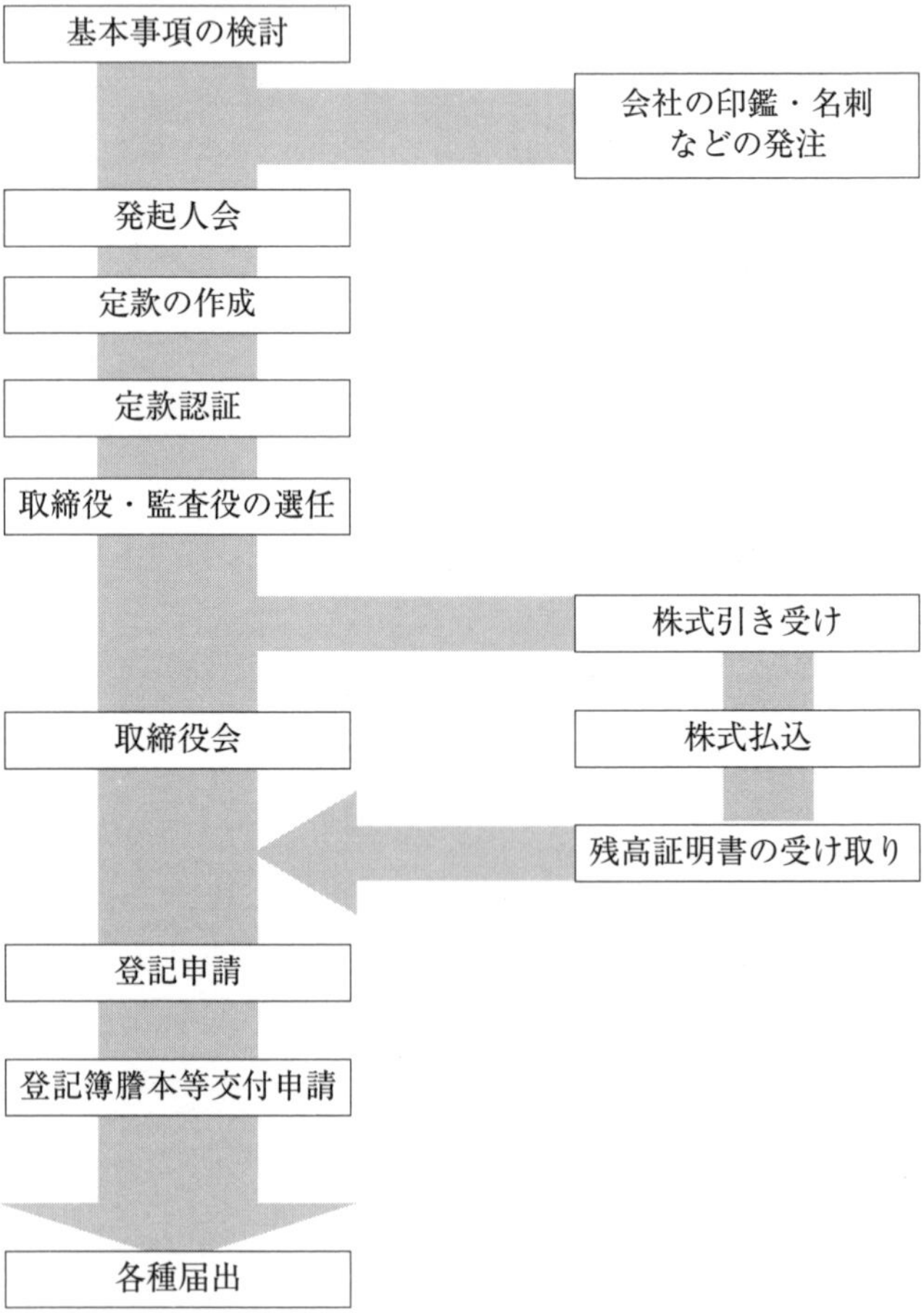

・株式払込金保管証明書
・取締役会議事録
・取締役の印鑑証明書

⑧　会社成立

登記申請書を受理してもらった日が、会社の設立日となる。したがって、大安や月初めに申請する場合が多い。

⑨　官公庁への会社設立等の届出

・税務署、都道府県、市区町村への法人設立の届出（設立から２か月以内）
・青色申告承認申請書（設立から３か月以内）
・給与支払事務所の開設届出書
・源泉所得税の納期の特例承認申請書
・棚卸資産の評価方法の届出書
・有価証券の帳簿価額の算出方法の届出書
・電子申告、納税等開始届出書
・国税関係帳簿の電磁的記録等による保存等の承認申請書など

3 会社法も大変身

昨年、商法が改正され、今年の春、新たに「新会社法」が施行される。（この本が出版される頃には施行日は確定しているかもしれないが、現時点では未定）

明治三二年以来の大改正で、わが国の企業を取り巻く経済環境の変化、国際化やIT化、資金調達方法の変化等に対応するための集大成が行われた。株式でいえば、昨年のライブドアとフジテレビ、楽天とTBSとの買収劇でもさまざまな問題を浮き彫りにすることとなったが、まだまだ、法律が、経済の変化のスピードに適応していないということもいえる。新会社法の概略は、次のとおりである。

① **条文がカタカナからひらがなへ、文語から口語へ**

いわゆる会社法というのは、商法第2編「会社」、有限会社法、商法特例法等バラバラに規定されていた。それを、今回一つにまとめ、条文もひらがなの口語に統一された。

② **起業が簡単に**

・最低資本金規制が撤廃

・類似商号の規制が撤廃
・発起設立の「払込金保管証明書」が不要に

まず、最低資本金が撤廃されたことにより、資本金一円でも、会社を設立することができるようになる。この「一円起業」については、一概に良い悪いとはいえないが、改正される以上可能となるのである。これについては、次章の「開業準備資金の調達・資本金」で詳しく述べることにする。

次に、[2]会社設立の手順の②で述べた「類似商号」の規制が撤廃される。類似商号とは、「同じ市町村（区）内の会社で同一の事業目的を有し、かつ、商号が全く同じあるいは混同しやすいもの」であるが、新会社法では自由に商号が使えることになる。ただし、「株式会社トヨタ＆ソニー」、「株式会社ライブドア＆楽天」のような商号は、「不当競争防止法」という法律により、登記の有無に関係なく禁止されている。逆に、ブランド力のある商号を持つ会社は、この「不当競争防止法」で、知的財産権を守る必要がある。

次に、[2]会社設立の手順の⑥で述べた「払込金保管証明書」も不要になる。新会社法では、普通口座に預金があれば残高証明書の添付でよく、会社設立の手続は格段にスムーズになる。

③ 取締役・監査役等の機関が柔軟に

現行法では、株式会社は少なくとも取締役三名、監査役一名を置かなければならない。しかし、新会社法においては、「株式譲渡制限会社」（定款に「すべての株式の譲渡について取締役会の承認を要する」と定めている）では、選択肢が広がり、会社の実情やレベルに合わせて設計することができる。したがって、取締役は一名でもよく、監査役を置かないのも自由である。

さらに、取締役二年、監査役四年という任期も、定款で定めれば最長一〇年まで延ばすことが可能になる。特に、家族経営のような中小零細企業では、実際に、取締役会を開くことなどほとんどなく、そもそも、夫婦で経営しているのに、二年に一回役員変更登記が必要だったこと、自体が滑稽であったというほかない。

ただ、中小企業でも、ある一定規模になれば、取締役の人数も自然と増え、監査役も必要になる。

また、新しく税理士・公認会計士だけが就任することができる「会計参与」という制度も創設された。信用度という意味では、登記事項であるから第三者の目に触れるので、おおいに検討する価値はあるだろう。

このように、取締役・監査役等の機関は、非常に柔軟に設計することができるようになり、この点についても起業はしやすくなったといえる。

④　有限会社制度の廃止

現行の有限会社法では、資本金は三〇〇万円からＯＫで、取締役、監査役の任期も定める必要がなかった。そのため、信用力や与えるイメージを気にしなければ、有限会社でも、十分に機能していたのである。

しかし、新会社法では、新たに有限会社の設立はできなくなる。そもそも一〇〇万社を超える株式会社といっても、資本金一〇〇〇万円台の中小企業が八割を超えているのだ。したがって、小規模な零細企業を想定して作られた有限会社との違いがなくなってしまったのである。

ただし、現存する一四二万社の有限会社については、経過措置として、そのまま存続することができる。これを「特例有限会社」と呼ぶ。法律上は株式会社と同じだが、商号変更をしなければ、名刺や看板に「株式会社」を使えないので注意が必要である。

4 ＬＬＣ、ＬＬＰって何

① ＬＬＣ (Limited Liability Company)

日本版ＬＬＣ（合同会社）と呼ばれ、アメリカでは、株式会社に匹敵するぐらい利用されている有限責任会社で、新会社法で新たに創設されることになる。

株式会社は、物的会社と呼ばれ、お金や物があれば、ビジネスが優位に進められ、利益が生み出されると考えられている。したがって、会社の利益は、出資比率に応じて、株主が配当を受けることができる。

ところが、近年、物が利益を生むよりも、人（アイデアやノウハウ）が利益を生む時代という認識が生まれている。ＬＬＣというのは、出資した割合に関係なく、定款によって利益配当の割合を決めることができる「定款自治」によって運営する制度である。すなわち、極端な場合一円しか出資していなくても、その人がいるから利益を上げることができるという場合には、その人には配当を多くすることが可能になるわけである。ライブドアや楽天、村上ファンドによって、会社はお金を出した株主のものという考え方が世間に流布するようになったが、本来会社は誰のものなのかという議論が巻き起こっている。そういう意味でも、このＬＬＣは、お金は持っていなくても能力のある人と、お金を出せる企業が共同で設立することができるのである。

② LLP（Limited Liability Partnership）

ＬＬＰは、有限責任事業組合と呼ばれ、新会社法に先立って、昨年八月一日に施行されている。ＬＬＰは、株式会社と同様に出資額以上の責任を負わず、民法組合と同様に、利益や権限の配分を出資比率とは関係なく決めることができる。

そういう意味では、日本版ＬＬＣと似ているが、根本的に違うのは、会社ではなく組合であるということである。したがって、ＬＬＰには法人税課税がされず、構成員課税制度として、出資者の配当の段階になってはじめて直接課税されることになる。さらに、損失が出た場合には、その損失と出資者の本業での利益を損益通算し、納税額を少なくすることもできるのである。

アメリカのＬＬＣは、最近一〇年間で八〇万社に膨らみ、株式会社を含めた組織数全体の構成比が一二％にもなっている。イギリスでも、無限責任のリスクの過大性を問題視する声が高まり、二〇〇〇年にＬＬＰ制度が創設された。シンガポールでも二〇〇五年四月にＬＬＰ法が成立している。

出資比率を気にすることなく、取締役や監査役を置く必要もないので、今後、わが国でもおおいに活用されることと思われる。特に、中小企業同士の連携（共同生産、共同販売）、ベンチャー企業や大学教授と大企業の連携（ロボット、バイオテクノロジー、人工衛星等の研究開発）、異業種や専門家集団が行う共同事業（ＩＴや企業支援サービス、経営コンサルティング等）、さらには商店街などの街づくりや農業といった分野にも事業展開が期待できるのではないだろうか。

まず経理、そして会計

1 「どんぶり勘定」の時代は終わった

「先生、今度会社を設立したのですが、帳面のつけ方がわかりません」

これは、はじめて相談に来られる方のお決まりの文句である。商売の内容は当然決まっており、準備も着々と進み、さあこれから、というときである。起業する人というのは、基本的に経理についてはシロウトである。何をどうすればよいのかというのが、率直なところだろう。経理の経験があったり、簿記の知識があればまだ良いものの、それでもいざ帳簿を作成するとなれば壁にぶち当たる。とりあえず、会計ソフトを買ってはみたが、まだパッケージを開けていないという人も多い。「そろそろやらないと……」とわかってはいるが、ついつい後回しになり憂鬱になってくるのである。

人間というのは、憂鬱になると言い訳を考える動物である。

「経理なんかよりも今は儲けるのが肝心だ」、「そのうち始めればすぐにできるさ」となる。この場合、やる気にさえなれればすぐ解決できるのだが、最も厄介なのが、「儲けはだいたいわかってる」という、いわゆる「どんぶり勘定」のまま放置しておくことである。本当に儲かっているのであればまだしも、「段々手元にお金が残らなくなってきた」、「借入れを考えている」となれば、万事手遅れになる。

経理は、自分のためにするものである。「そのうち始めればすぐにできる」と思っていても、最低限の資料を残していてこその話である。よく「領収書は全部残しています」と、自慢げに話される人がいるが、肝心の売上が「どんぶり勘定」であるために今までの売上がわからないという人もいる。冗談や大袈裟にいっているのではなく、実際によくあるパターンなのである。

しかし、よく考えて欲しい。難しく考えることもない。金融機関や税務署相手に「だいたい」は通じないのである。銀行に「だいたいこのくらい」と言っても見向きもされないし、税務署に「だいたい」と言おうものなら、翌日にでも調査にやって来るだろう。今は、日本全体が右肩上がりの高度成長期ではなく、すべての業種において、儲かっている会社とそうでない会社の二極化が進んでいる。そういう意味でも、自ら、会社の内容を日々把握する必要があるのだ。「どんぶり勘定」の時代はとっくに終わっているのである。

2 お金の流れを把握する経理

経理や会計というと、暗いイメージや堅いイメージがあり、数字が苦手だという先入観をもつ人も多い。家計簿や小遣い帳のイメージをもってくださいといっても拒否反応を起こされる。

まず実際に、帳簿にはどのような種類があるのか知ってほしい。

①　現金出納帳……手元にあるお金の流れを記帳する。
②　預金出納帳……銀行にあるお金の流れを記帳する。
③　売上・売掛帳……売上げたお金の流れ（回収状況）を記帳する。
④　仕入・買掛帳……仕入れたお金の流れ（支払状況）を記帳する。
⑤　仕訳帳・振替伝票……取引のすべての仕訳を記帳する。
⑥　手形帳……受取手形、支払手形の金額と期日を記帳する。
⑦　総勘定元帳……すべての取引を勘定科目別に記帳する。

そうして、作成される書類が、貸借対照表、損益計算書と呼ばれるもので、毎月集計される。これを月次決算という。これが1年経過すると、12か月分が、積み重ねられることになり、さらに、減価償却などの決算修正が加えられ、結果として決算書ができ上がるのである。

このように、記帳とは、ほとんどがお金の流れを記録していくことで、毎日毎日の積み重ねである。それには、領収書や通帳の記帳など根拠となる形跡があり、それらをまとめていくだけのことである。何も難しいことではないのである。したがって、帳簿を作ることにプレッシャーを感じる必要はなく、それよりもまず、お金の流れをしっかり把握することの方が大切である。

3 早くて正確な会計ソフトの活用

帳簿作成の経験はあるが、帳簿の作成に時間を費やしたくないという人には、今では、かなり普及している会計ソフトをお勧めする。注意していただきたいのは、帳簿作成の経験がある人という前提条件である。ある程度の知識があるならまだしも、簿記の知識もまったくなくて、専門家に教わることもなく、いきなり会計ソフトを購入しても、パッケージを開けて、パソコンにインストールして、そのままという確率は非常に高い。会計ソフトを使えば、何とかなるというのは思い込みに過ぎず、かえって、記帳を放置する原因にもなりかねないのである。

会計ソフトには、さまざまな種類があり、どれを選べばいいのかわからないという人も多い。市販のものは種類が多く、値段もマチマチである。数万円のものから一〇万円を超えるものまであるが、最近ではインターネットで無料でダウンロードできるものまである。この場合、使いやすさは当然のことながら、会社の規模や処理の目的に応じて種類を選ぶ必要がある。値段に左右されたり、友人も使っているからといって選ぶと満足な帳簿作成はできない。

たとえば、インターネットで無料のダウンロードをし、日々の処理はしたが、その結果の貸借対照表や損益計算書を見ることができない場合もある。また、日々の経理処理だけでなく、売上や仕入の管理から在庫管理、さらには、商品管理や顧客管理まで行いたい場合や、給料計算も連動させたいなど目的はさまざまである。消費税の処理も複雑で、今後、さらに消費税率がアップされることになれば、それに対応できるソフトを選ぶ必要もある。

これらを把握した上で会計ソフトを選ぶことができれば、記帳は、格段に省力化されることになる。正確で早く、仮に記帳漏れや記帳ミスがあったとしても、日付を遡って訂正することも容易である。また、表やグラフ化して、月別の比較、前年との対比など分析することも容易になる。まさに優秀な経理社員を一人雇ったようなものである。

ただ、会計ソフトは、日々の記録を単純にスピーディにお手伝いしてくれるが、間違いを発見したり、決算を仕上げたりすることはできないということを知ってほしい。わが国では、記帳だけ真面目にしておけば良いというわけにはいかず、最終的には決算をし、納税をしなければならない。したがって、日々の処理が正確に行われているか、さらには、その処理が税法に適しているかという部分を専門家にチェックしてもらう必要があるのである。

強い会社を作る会計

1 自分のための決算書をもつ

帳簿はなぜ作成するのか。それ以前に、事業を始める目的は何だったのか。その答えはたった一つ、「儲ける」ためである。そして、その儲けを自分で把握するためには帳簿が必要となる。

ラーメンが大好きで、ラーメンを作ることに関しては誰にも負けないという人がいる。しかし、ラーメンを作るということと、ラーメン屋を経営するということは根本的に違うのである。どんなに美味しいラーメンを作れたからといっても、経営がうまくいくとは限らない。

事業で最も大事なことは「儲ける」ということで、「モノづくりが好きだから」、「地域のため」、「社員のため」ということは、儲けてはじめて言えることなのである。「ドンブリ勘定」の時代は終わったと述べたが、経営者は、事業が小さければある程度の儲けは把握しているものである。しかし、正確な利益を把握することは、どんなに暗算の得意な人でも、暗記に優れた人でもできない。事業が大きくなれば、なおさらのことである。そこで、帳簿を作成し、それらを集計したものが必要となってくるのである。これが「会計」である。

経理とは、日々のお金の流れを記帳することであると述べたが、会計とは、その経理の結果が示す情報ということである。そういう意味では、会計の情報というのは、すべてが「過去」のことである。たとえば、一月一日～一月三一日までの損益計算書をみると、一月にいくら売上があって、いくら仕入があって、給料はいくら払って、経費はいくら掛かったのか、その結果いくら儲かったのか、という結果が書かれてある。これらはすべて過去の情報である。当然、月別の比較、前年との比較という分析もすべて過去のことなのである。

しかし、「会計」というのはその過去の情報を理解するところから始まる。そして、その情報は、自分の経営の結果を知るためにある。決して、銀行や税務署のために決算書を作るのではない。もし、売上が漏れてしまった、経費を計上し忘れた、経費を二重に計上してしまったということがあれば、それは、自らの判断を誤らせる結果につながるということである。したがって、会計情報は自らのもので、「決算書」は自らのものという観点で帳簿を作成することが重要である。

2 強い会社の会計

京セラを育て上げた稲盛和夫氏の会計学を述べた大ベストセラー『稲盛和夫の実学』（日本経済新聞社）という本がある。帯には、「会計がわからんで経営ができるか！」となんとも痛快なサブタイトルがついている。私を含めて税理士、公認会計士が声を大にして叫んでいることを、一冊の本で全国の経営者に知らしめてしまった。

◎現金こそ利益である

この本の中で、稲盛氏は、「決算で儲かったお金はどこにあるのか」ということに疑問をもち、「配当するお金がなくて銀行から借りてくるというのは儲かったといえるのか」と経理部長に質問すると、「お金がなくてもそれは儲かったというのです」と答えたが、稲盛氏はそのことに納得できなかった。

問答の末、貸借対照表には、現金の流れ以外の勘定科目があることが、社長にわかったのである。それは、たとえば売掛金、買掛金、受取手形、支払手形、固定資産や棚卸資産などである。売掛金や棚卸資産が増えれば、現金化が遅くなっているということであり、借入金を返済すればお金はなくなってしまう。私も、「先生、借入れの返済は、経費にならないのですか」という質問をよくされる。その都度、「では、借入れをした時に、売上に計上しますか」と逆に質問するようにしている。

稲盛氏が、このような質問をしたかどうかはわからないが、儲かったお金が、どこに存在するのかということを常に把握して、経営しなければならないと考え、京セラでは、現金をベースにした会計を実践している。「現金こそ本当の利益」という真理に気づいているのである。このことを、いわゆる「キャッシュフロー経営」と呼んでいる。

あなたは今、財布にいくらお金をもっていますか。たとえば、三万円もっていたとする。サラリーマンであれば、このお金で、コーヒーを飲み、お昼を食べ、同僚とつきあいで飲みに行ったりする。いざという時に手元にお金がなくては困るので、不足する前に、奥さんから追加で貰うなどして補充しておく。サラリーマンの場合、会社の給料が売上に該当する。そして、家族の食事代や子供の教育費、家賃若しくはローンの返済、小遣いなどが経費となる。さらには、老後のために貯金や財テクをする。そのやりくりは、多くの場合、奥さんがするのであろうが、毎月の支出から残ったお金がその家庭の利益となるわけである。

また、たとえば高額な自動車や薄型テレビを購入したりしても、その家庭の資産であるとして、使う年数に応じて減価償却することはできない。家族で海外旅行をしても、思い出として残っている年数に応じて減価償却するということは聞いたことがない。

すなわち、お金というものは、確実に使った額だけが消えていくのである。仮に、ローンで購入したので、お金はなくならなかったとしても、翌月からはローンの返済プラス金利が発生し、毎月の支出となるのである。そう考えると、家庭では毎月の利益どころか、毎日の利益を把握することは容易にできる。それは、一般家庭では、利益と現金が一致しているからである。しかし、利益と現金が一致している会社というのは、どこにもないのである。

◎現金ベースで把握し、利益を追求するための会計

数年前に、新聞で、ＮＴＴドコモやＮＥＣ、シャープなどが日次決算をしているという記事を目にした。アメリカのハイテク企業では一般的だが、市場変動の対応や海外での突発的な事件の影響を即座に把握するためには、日次決算が必要となるのである。毎日の記帳に追われている経営者や経理担当者の方は、大企業で、日次決算など不可能だと思われるかもしれないが、会社の状況は、会計情報でしか把握することはできないということで

ある。それは、夫の財布の中であれ、一般の家庭であれ、大企業であっても同じことなのである。

したがって、強い会社の会計というのは、どれだけ、タイムリーに会社の財務状況を、しかも、現金ベースで把握できているかということになる。しかも、そのデータは経理担当者が理解しているものではなく、稲盛氏のように、会社のトップが理解していなければ何の意味もないのである。「納税のための会計」ではなく、「自分のための会計」、「利益を追求するための会計」なのである。

第4章

開業準備資金の調達と資本金

一円企業では商売できない

1 最低資本金制度

昨年、商法が改正され、今年の春に「新会社法」が新たに施行される。その内容については第3章で述べたが、その新会社法の中でも、とりわけ目を引くのが、株式会社の最低資本金規制の撤廃である。現行法では、株式会社は最低資本金が一〇〇〇万円となっており、その一〇〇〇万円がないと株式会社を設立することができない。

そもそも最低資本金制度は、なぜ存在するのか。株式会社というものは、出資者が現金を出資し、その出資者（株主）が、実際に会社の運営をする者を選ぶ。この者が、取締役となって実際の経営を実行していくのである。株主は、会社の利益から、配当という形で利益の一部を還元してもらい、出資額の範囲内でのみ、責任を負うのである。

この出資者を守るために、商法では債権者保護という考え方があり、最低資本金制度が存在したのである。そのため、配当も自由にすることはできず、配当可能利益の計算方法というものがあり、剰余金（過去の利益の蓄積）がなければ、配当することができなかったのである。すなわち、純資産額が一〇〇〇万円を下回ると、配当することができなかったのである。新会社法においても、純資産額が三〇〇万円未満の場合は、剰余金があっても配当することはできないという規定が設けられている。

しかし、一方で、株式会社が損失を出して、財産がたとえ一〇〇〇万円を割っても、増資や解散を強制されることはない。したがって、この最低資本金制度というのは、一定の財産が会社にあることまで保証しているわけではなく、実質的には債権者保護になっていないのである。それにしても、有名無実化していたとはいえ、債権者保護を謳う商法学者はどう考えたのであろうか。

2　一円起業と一円企業

　ある日、新幹線で四〇代の女性三人組と乗り合わせたのだが、そのうちの一人が、「今は、一円で会社作れるようになったらしいよ。私、会社作って事業計画も作って何かしようかな」と話しはじめた。順番がまったく逆である、何をするかも決まっていないのに、会社も事業計画も作ることはできない。黙って聞いていたのだが、一人が「そんなに甘くないわよ」と言っても、「大丈夫、命までは取られへんねんから」と、意気軒高だった。わが関西人とおぼしい方だった。

　このように、新会社法では、最低資本金規制が撤廃され、資本金が一円でも会社を設立することができるようになる。いわゆる「一円起業」であり、その会社は、「一円企業」となる。今後、多くの若者や団塊の世代の定年退職組、新幹線でお会いしたような女性がどんどん会社を設立し、起業ブームがさらに加速していくことになるだろう。

　一方、世の中ではニートやフリーターが社会問題となり、夜の繁華街では、弾き語りをする若者の回りに多くの若者が群がって、聴いている風景を目にする。このような若者たちが、ある日突然起業すると、立ち上がることも考えられる。

　また、定年を迎えた夫に離婚が問いかけられる「熟年離婚」というドラマのような話が、今後ますます身近な問題となってくることも予想される。六〇歳から毎日家にいても「ヌレ落葉」だのと邪魔者扱いされる。だからといって、再就職先がすぐに見つかるという世の中ではない。仕方なく、退職金の一部を充てて起業しようという定年退職組やリストラ組が、出てくることも予想され、同時に女性も専業主婦から解放され、何か事業を起こしたいと考えるようになることもあるだろう。

　しかし、少し考えてほしい。果たして、資本金が一円の会社を設立して、実際に経営することなどできるのであろうか。一円では設立費用を賄うことすらできない。とりあえず、会社を創ることができるようにするという政府の方針は、正しいのであろうか。本当に夢と野心と志のある起業家であれば、最低資本金規制があろうとなかろうと、たいしたハードルになるとは思えない。逆に、資本金、開業準備資金が、如何に大事であるかを考える必要があるのである。

何事も元入れ次第で成功・失敗

1 売上の目途があるか

中小企業白書（2005年版）の「就業意識調査」において、「開業後、今の生活水準を維持するのが容易だと答えた人の割合」が出ている。〈表1〉

これによると、男女ともに加齢に伴って、「容易派」が減少しているが、それでも約1割の人が、容易に今の生活水準を維持することができると考えていることに驚く。

逆に、「事業を起こすことにあまり興味はないと考える理由」〈表2〉や「開業に後ろ向きな理由」〈表3〉を見てみると、どちらも一位が開業する資金がないからとなっている。

このように、起業を考えていない、若しくは後ろ向きであるという人は、開業資金を重く捉えている。それに対し、起業したいという人は、前章で述べたように、自由な労働や年齢に関係なく働きたいと考え、その中でも約一割の人は、簡単に今の生活水準をクリア

〈表1〉開業後、今の生活水準を維持するのが容易だと答えた人の割合

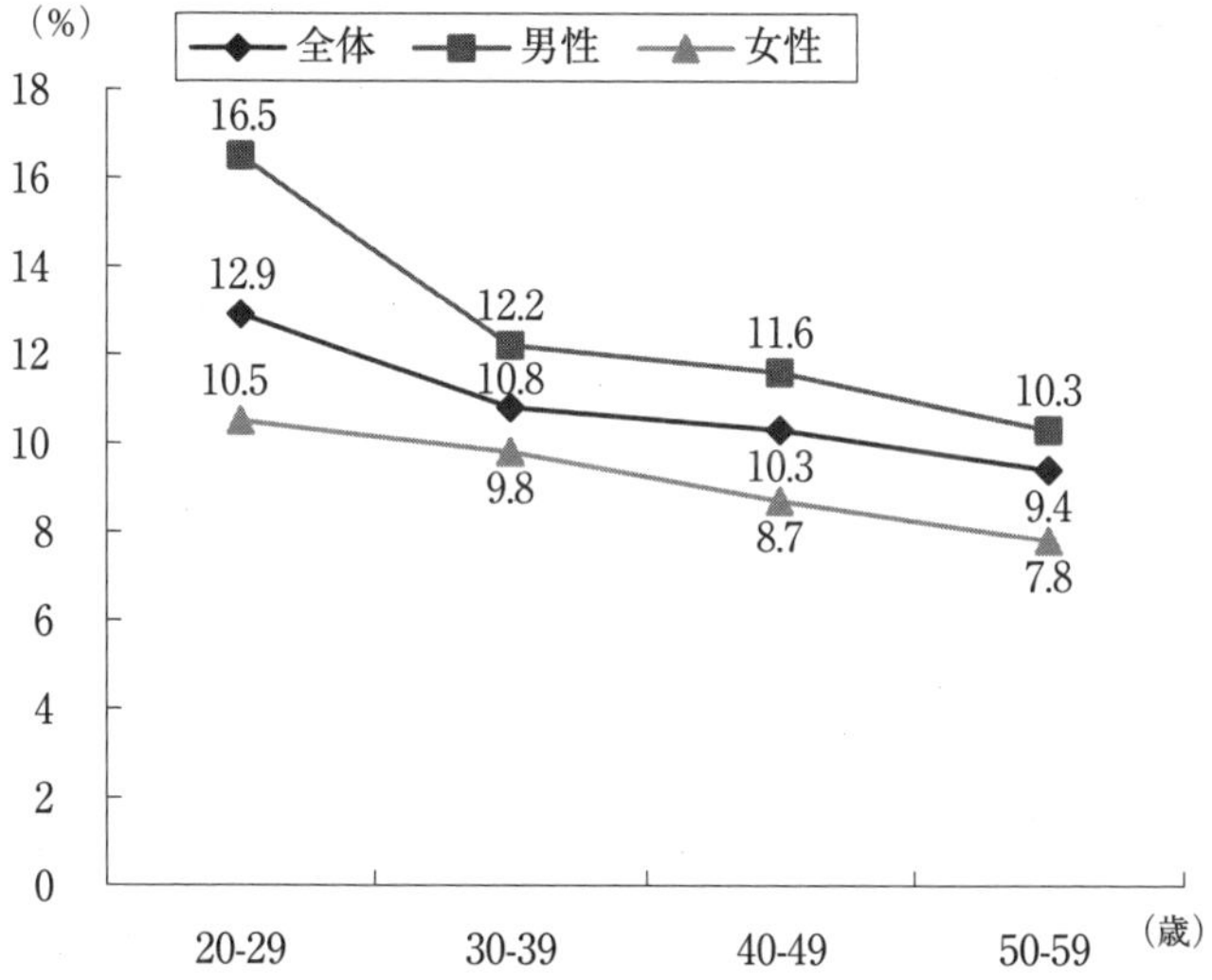

資料：(株）ニッセイ基礎研究所「働く人の就業実態・就業意識に関する調査」(2004年)

〈表2〉事業を起すことに興味はないと考える理由

順位	理由	比率（%）
1	起業する資金がないから	54.1
2	失敗したときの借金を抱えるリスクが嫌だから	52.9
3	起業するアイデアが浮かばないから	51.1
4	雇用者の方が収入が安定しているから	43.0
5	起業しても今の収入が維持できそうにないから	23.7

（複数回答可）

資料：(株）ニッセイ基礎研究所「働く人の就業実態・就業意識に関する調査」(2004年)

できると、安易に考えているのである。

非常に面白いデータであるが、ここで、開業資金というのが、大きなポイントとなる。元々若者というのは起業志向が強く、しかしながら、開業資金の不足やアイデアの欠如といったものが課題であった。しかし、政府は、開業資金不足という課題を簡単に取り払おうとしている。最低資本金規制の撤廃と、資金面のあらゆる支援策である。

昨年、私のところに会社を設立して間もない三〇代半ばの社長が相談に来られた。第一声は「帳面のつけ方がわからない」というお決まりの文句であったが、どのような商売をされるのか

〈表3〉開業に後ろ向きの理由

順位	理由	正社員（%）	非正社員（%）
1	起業する資金がないから	51.7	57.9
2	失敗したときの借金を抱えるリスクが嫌だから	52.3	53.9
3	起業するアイデアが浮かばないから	47.9	56.1
4	被雇用者の方が収入が安定しているから	44.4	40.7
5	起業しても今の収入が維持できそうにないから	27.4	18.0

（複数回答可）

資料：（株）ニッセイ基礎研究所「働く人の就業実態・就業意識に関する調査」（2004年）

を聞くと、「犬の飼い方」というＤＶＤを販売すると言う。ペット業界は、今も好調で、飼い主にとってはペットにかけるお金は惜しくないそうである。

「犬だけですか？ネコは？」と尋ねたが、犬だけということであった。さらに「ペットショップや通販ですか？売上の目途は立っているのですか？」と尋ねると、これから訪問販売をしていくと言う。しかも社長一人で。

元々、この社長は、ＮＨＫの受信料の集金をしていたらしく、訪問販売は得意だそうだ。しかし、いくら得意でも世の中そんなに甘くない。ＤＶＤの仕入先は確保しているようであるが、売上の見込みはゼロである。

このケースは、有限会社であったので、資本金三〇〇万円が開業資金である。事務所を借りたということなので、保証金と借りてからの家賃を支払った残りが、手許現金となる。仮に、定価一〇五〇円のＤＶＤを一〇〇〇本五二五円で仕入れたとすると、全部売れて、五二万五〇〇〇円が利益となる。しかし、訪問販売ですべて売るのに何日かかるのだろうか。一〇〇〇件訪問するだけでも二か月はかかるだろう。すでに仕入れの段階で五二万五〇〇〇円の支払い義務が発生している。その間、家賃や光熱費もいるし、自分の給料も取らなければならない。当初の三〇〇万円は、数か月で底を尽く計算となる。これでは、訪問販売の傍ら、ペットショップへの営業や通販で売っていくという余裕も出てこない。まず、資金がついてこないのである。

　最低資本金規制が撤廃され、もし、資本金が、五〇万円や一〇〇万円であったら、どうなるだろうか。説明するまでもない。

　結局、訪問販売で、ペットを飼っている家庭を探すという効率の悪さ、なぜ商品が一つしかないのかという話題に終始し、帳簿を作成するという話にまで至らなかった。よくよく聞いてみると、NHKによる相次ぐ不祥事によって受信料の不払いが急増し、もう起業するしかないと思ったとおっしゃっていた。そういう意味では、NHKによる隠れた犠牲者といえるかもしれない。

　このようなケースは稀であるが、会社を設立する場合、売上の目途が立っているかというのは大きなポイントとなる。事業計画を立てる際にも売れ筋商品の把握など、いわゆるマーケティングは会社設立の重要な課題である。

2 FCで開店したけど資金がゼロ

脱サラ起業の大きな受け皿となっているのが、フランチャイズ事業（FC）である。二〇年ほど前、脱サラしてコンビニのオーナーになるというのは憧れの的であった。

近年のFCは、飲食業では居酒屋、コーヒーショップ、カレー店、回転寿司、焼き肉、焼き鳥、ラーメン店など数え切れない。小売業でも、薬局店、百円ショップ、チケット販売店、自動車売買、住宅販売などこれもキリがない。サービス業では、不動産業、自動車修理業、エステティック・サロン、クリーニング店、スポーツクラブ、今では会計事務所まである。

これらのほとんどが、本部と加盟店でフランチャイズ契約を結び、加盟店側が本部に加盟金を支払う。さらに、開業費用も加盟店が負担するのである。

これらの資金を容易に支払えるケースというのはそれほどない。ある程度の会社で定年まで勤め上げ、満足な退職金を貰った定年退職組で、やっとというところであろう。脱サラで貯えもなく、退職金もまともに貰えなかったのであれは、最初の加盟金を支払うことすらできないのである。何とか開業に漕ぎ着けたとしても、その時点で、資金が尽きているというケースはよくある。開業即売上が入ってくる現金商売ならまだしも、銀行に借入れを申し込むといっても、なかなか貸してはもらえないのである。

ただフランチャイズ事業というのは、開業と同時にある程度の集客は見込めるため、多くの人がこぞって加盟するのだが、ある程度の売上が上がったとしても、毎月のロイヤリティを支払う義務を負っており、結局、手許にはほとんどお金が残らないということがある。オーナーの月給が8万円というのも珍しくはないのである。

このように、会社や店を作ることは簡単だが、その経営を継続することは、至難の業なのである。

FCに加盟するには、本部のマーケティング結果を鵜呑みにするのではなく、独自の調査、その事業の将来性を分析するセンスが必要である。また、本部との契約内容をどうするかが、開業後や撤退の際に重要になってくる。やはり、本当のデータをもっている専門家に相続する必要があろう。

創業・新事業展開への支援

現在、開業率と廃業率の逆転現象が起こるなど、わが国の経済の停滞と活力の低下が、社会問題となっている。そこで、中小企業庁では、創業・新事業展開を積極的に行うことを目的として、資金面、人材面、市場開拓等、積極的な支援を行っている。

1 新創業融資制度

国民生活金融金庫では、ビジネスプランを的確に審査することによって、無担保・無保証人（本人保証不要）で融資を行うという「新創業融資制度」がある。

〔新規開業の要件〕

新たに開業される方、または開業して税務申告を二期終えていない方

〔自己資金の要件〕

開業前または開業後で税務申告を終えていない場合は、開業資金の二分の一以上の自己

資金を確認できる方

まさに、起業家のために設けられた融資制度といえる。平成一六年度には、貸付限度額を五五〇万円から七五〇万円に引き上げている。

ところが、この制度の要件にさえ当てはまらない起業家も山ほどいる。それは、開業資金の半分を用意できないという場合である。いくら政府の方針で予算を組み、新しい融資の制度を作っても、全額借入れでスタートはさせないということだ。ここでも、開業資金がいかに大事であるかということが、おわかりいただけるだろう。

これ以外にも融資を断られるケースがある。私のところに開業資金の相談に来られて、国民生活金融公庫を紹介したケースであるが、この方は脱サラで、あるフランチャイズに加盟して開業しようとしていた。上記の要件はすべて満たしており、融資は何の問題もないと思っていたのだが、公庫の担当者からの返事は「Ｎｏ」であった。私も、紹介をした手前、その担当者に理由を聞いたが、「個人情報なので答えられない」という返事が返ってきた。この理不尽な対応に納得できず、支店長に、直接経緯を説明してもらうべく、事務所まで来てもらったことがある。理由は「経験不足」ということだった。

そもそも起業家に対する融資制度で、なぜ経験不足という理由が存在するのか。私にはまったく理解ができなかった。はじめて起業する人に経験がある方がおかしい。もしあったとすれば、それは以前に一度失敗しているということになる。ましてやこの方の場合は、経験がないからこそノウハウのあるフランチャイズに加盟して事業を始めるのであって、そのことを考慮すれば、融資要件は充分満たしていたのである。支店長も担当者も結局きちんとした回答はしないままで、私は未だに納得できないままである。いかにも政府系金融機関の対応であった。

ただ、この制度での融資実績は、平成一四年一月～平成一七年二月で、一万五三二四件、約四八八億円となっており、多くの起業家が活用していることは間違いない。この他にも税務申告を二期以上行っておれば、第三者保証人や不動産担保無しで、一五〇〇万円まで融資を受けることができるという、起業家にとってはありがたい制度もある。

2 形を変えた公共事業

中小企業庁では、人材面においても、企業ＯＢや国の研究機関のＯＢが有する経営ノウハウや技術力と、創業・ベンチャー企業や中小企業のニーズとをマッチングするための仕組みやネットワークを構築し、創業や経営革新の裾野を拡大するため、中小企業の人材確保と人材育成を支援している。また、ブランド育成や各種展示会を催すことにより、市場開拓のための支援をしている。

次頁に表でまとめたが、その支援策と予算を見ていただきたい。ほとんどが、耳にしたこともないような内容にもかかわらず、恐ろしい額の予算が割り当てられているのである。この支援策によって、いったい、どれだけの起業家が成功を収めることができるのかは定かではないが、それ以外は、結局煽られて失敗に終わることになる。

新しく会社を立ち上げても一〇年生き残れるのはたったの五％というデータがある。ということは、残りの九五％は一〇年以内に潰れていくのである。そうであるならば、これだけの国家予算を使って、五％の成功者を生むかもしれないが、九五％の倒産あるいは廃

平成16年度において講じた中小企業施策	予算額
中小企業・ベンチャー挑戦支援事業	33億8700万円
企業等ＯＢ人材を活用した中小企業の支援	4億4300万円
創業意識喚起活動事業の実施	3億600万円
創業塾・第二創業コースの開催（創業塾）	12億9800万円
経営革新講座	2億円
経営革新セミナー	1億6400万円
ビジネス塾・ビジネスプラン作成セミナー	3700万円
新規創業支援研修	11億9000万円
ＪＡＰＡＮブランド育成支援事業	9億3000万円
新連携対策委託事業	5億4600万円
新事業創出見本市	2億1200万円
中小企業総合展	2億1100万円
ベンチャーマッチング支援事業	1億8800万円
中小企業経営革新支援法に基づく支援	10億3800万円
起業家育成施設の整備に対する支援	7億9000万円
中小企業基盤整備機構による起業家育成施設の整備	23億円
中小企業基盤整備機構による大学連携型起業家育成施設の整備	15億2000万円
戦略的基盤技術力強化事業	31億7200万円
創造技術研究開発事業・地域活性化創造技術研究開発事業	41億6200万円
課題対応技術革新促進事業	4億4100万円
地域中小企業知的財産戦略支援事業	3億円
中小企業等特許先行技術調査支援事業	2億3600万円
産業技術実用化開発補助事業	70億1000万円
産学官のネットワーク形成等	40億2400万円
起業家育成施設（ビジネス・インキュベータ）の整備等	65億1900万円
地域新生コンソーシアム研究開発事業	19億4500万円
中小企業技術開発産学官連携促進事業	2億4600万円
独立行政法人産業技術総合研究所における中小企業創造技術研究開発	8億8200万円
大学発事業創出実用化研究開発事業	26億200万円
大学発ベンチャー経営等支援	2億円
大学等技術移転促進費補助金	8億9600万円
大学発ベンチャー創出のための事業	43億3100万円
研究成果最適移転事業	11億8400万円
経営指導員等による指導事業の実施	82億5500万円
専門的な相談への対応	6億5100万円
若手後継者等育成事業	9億8900万円

業者を生むというのはおかしいのではないだろうか。誰も知らないような事業にこれだけの予算をかけるのであれば、国債の返済に充当するか、飢えに苦しむ国に援助した方がよっぽど有益である。これは、形を変えた公共事業と何ら変わりはないと、私には思える。

起業には当然準備が必要であるが、その準備段階から指導してもらえる専門家をホームページなどで探し、相談することで五%の成功者の仲間入りをしてもらいたい。

3 チェック・リストで無担保融資

では、民間の金融機関での融資は、どのようになっているのであろうか。バブル崩壊後の一時期のような貸し渋りや貸し剥がしという波は、いったん収まったかにみえる。今では逆にお金が余り、各銀行が、融資に躍起になっているようである。優良企業に対しては金利のダンピングをし、融資年利率は〇・数％の水準にまで引き下げられている。中小企業に対しては、当面借入れの目的もない企業にまで融資をすすめ、さしずめミニバブルといったところである。

ただ、起業家に対するアプローチは、金融商品ではほとんどないというのが実情である。したがって、決算を二期終えていなければ、プロパーからの借入れというのは難しい。そのため、どうしても保証協会付きという形で申し込むことになる。たとえ二期決算を終えていたとしても、いきなり取引をしてくれるわけではなく、厳しく財務内容、事業内容を審査した上でということになる。

そこで、日本税理士会連合会では、中小企業に対してスムーズな融資が可能になるよう、平成一七年一二月現在で七一金融機関と提携している。この提携により、決算内容が正しい会計基準に基づいて処理されているということを、税理士がチェック・リストを作成し、署名押印することによって、中小企業は無担保で融資を受けることが可能になるのである。

正しい会計基準とは何かを、簡単に説明しておこう。

平成一七年八月に、日本税理士会連合会、日本公認会計士協会、日本商工会議所、企業会計基準委員会の四団体が共同で、「中小企業の会計に関する指針」というものを公表した。

今までは、各団体によって会計に対する考え方が複数存在し、ユーザーである中小企業はかえって混乱する結果となっていた。さらに新会社法の成立で、税理士・公認会計士がその有資格者となる「会計参与」の制度が導入され、計算書類の作成基準が複数存在するといった問題があった。今後はこの指針に基づいて計算書類が作成されることになり、一定の水準を保つことができるようになったのである。

4 起業は自己責任

政府の支援策の一部は②で示したが、商工会議所や商工会、ＮＰＯ（非営利組織）など、民間においてもさまざまなセミナーを開催している。大学でも「学生起業家」、「学生ベンチャー」のために、ビジネス・スクール（起業講座）の開設がブームになっている。しかし、このような授業を受けても、まともな起業家が育つとは思えない。そのような授業を受けるのであれば、開業資金として貯金をした方がよいのではないか。

社会では日々想定外の事態が起きる。もっと言えば押し寄せてくる。その荒波を乗り越える方法は、実際のビジネスの中でしか学ぶことはできないのである。最低資本金規制が撤廃されて会社を設立できたとしても、社会にはさまざまな規制、法律、古い考え方が存在する。その壁を一つ一つクリアしていかなければ、単なる会社設立ゴッコになってしまうのである。

そのことを理解した上で、ぜひ起業にチャレンジしてもらいたい。私自身も、税理士という仕事をこなしながらも、何か別の新しいビジネスをしたいと、日々夢見ている。あくまでも自由主義経済のもとで、起業をしようという夢を持ち、その代わり、もし、失敗に終わった時には、自己責任を負える者だけが起業すればいいのではないだろうか。

第5章

仕入・買掛金

1 利は元にあり——仕入は売上の源

バブルが弾け、地価はみるみる下がった。これに呼応するかのように、他の商品の値段まで下がり続け、デフレ現象を起こしてしまった。製造業では、従来中小企業が担ってきた大企業の下請けの仕事が労賃の安い中国に移される動きとなり、国内の工場も値下げを強いられた。販売業は、兎に角安い品物を出さないと売れないという、いっせい横並び現象に走った。こういう時期は、特に、仕入が事業の死命を決するのである。

大量仕入の大量販売、ヨドバシカメラやビッグカメラの電気商品、ユニクロや洋服の青山の安さと品揃えの販売、もっとビックリするのは各地にある百円ショップである。なぜあのように安い品物が仕入れられて、どれもこれも百円で売れるのか不思議である。

大きな店舗をいくつも抱える企業は、仕入が勝負で、大量販売をする。常に生き残りの崖っぷちを強いられる中小零細企業は、これに対抗して、さらに安い物を売らなければならない。中小零細企業は、商品を大量に売れないのだから、付加価値重視で儲けを確保しなければならない。でも、力不足のため、安く仕入れることが一番苦手である。安く仕入れることができるのはダサイ、流行遅れ、ドコにでもある、誰もほしがらない品物ばかり。見るからに売れそうにもない物が多い。

この事態を解決するにはどうすればよいのか、「カネ」、「カネ」にものをいわせなければならない。即金で仕入れる力が必要である。少量買いで、継続的な買い取引が必要である。それは、売れ残りの在庫をもたないためでもある。

損益計算書P／L

売上原価	期首棚卸	売　上
	仕　入	
	期末棚卸	
	売上総利益	

↓

これが付加価値。
これを上げないと経費を使って営業利益や最終の儲けは手にできない。

この図からわかるように、売上を増加させるのも低下させるのも仕入れ次第、棚卸（つまり売れ残り）を多くするのも少なくするのも仕入次第である。お客さんが喜んで買ってくれる最高額で値決めされる売上、その数・量・金高によって売上総利益が決まる。この仕入・売上のコンビネーションが大事である。

◎ユニクロの強い財務に学べ

ここで、急成長したユニクロの決算書により、いかに売上総利益（付加価値）率が会社に利益をもたらすかをみてみよう。裏返せば、安い仕入がいかに儲けにつながるか、その安い仕入を可能にする力がどこにあるかがわかる。

ユニクロの貸借対照表は物語っている。

①自己資本比率六七・九一パーセントという高さ、それに②キャッシュ買いができる現金預金比率三三・七六パーセントの充実した手持ち現金、加えて③資金繰りを大きく損なう借入金がゼロという儲けのリズム、黒字リズム、（返済リズムはユニクロでは不要）、④自己成長リズムの四拍子が揃っているのである。

また、企業としての五則も見事に具現しているものといえる。

弱小の中小零細企業は、こうした優秀な大手企業をまねて、小さくても永続する企業づくりのために、もっと内容の良い形を作らなければならない。

ところが、現実は逆で、どの数値を取っても劣っている場合が多い。これでは、とても小さいながら太刀打ちできるという状況は作れず、いつも、中小零細企業は、大手企業の販売作戦のあおりを受けては、つぶされていくのである。

株式会社ファーストリテイリング（ユニクロ）

損益計算書　P／L

（自）平成15年９月１日
（至）平成16年８月31日　　（百万円）

期首棚卸	19,519	売上	335,893
仕入	182,580		
他勘定振替	164		
期末棚卸	27,789		
売上総利益	161,748		

売上総利益率　48.1％

貸借対照表　B／S

平成16年8月31日現在　　（百万円）

現金預金	83,073	買掛金	44,501
その他流動資産	95,929	その他負債	34,441
固定資産	67,050	資本合計	167,110
資産合計	246,052	負債・資本合計	246,052

現金預金比率　33.76％
自己資本比率　67.91％
借入金　0

中小企業は、この強い三社のポイントのすべてを上回る「質的攻め」に没頭することが、課題である。つまり、財務の内容重視に努め、仕入力を貯えることが、儲けの継続につながるといえる。この項を読んでも何故「会計が必要」か、「経営者は会計に強く」なければならないかがわからないならば、経営者失格である。

洋服の青山商事株式会社
自平成16年4月1日至17年3月31日

売上総利益率	56.20%
現金預金比率	15.43%
自己資本比率	73.80%
買掛金	15,339百万円
借入金	10,000百万円
売上	160,688百万円

ホームセンターのコーナン商事㈱
自平成16年3月1日至平成17年2月28日

売上総利益率	27.50%
現金預金比率	1.80%
自己資本比率	22.50%
買掛金	26,689百万円
借入金	93,211百万円
売上	243,860百万円

洋服の青山に比べコーナンは売上総利益率が半分以下のため、売上は1.5倍もあるが、儲けが少ない。

そのため、自己資本比率も22.5%と、かなり低く、借入金や買掛金が青山の4.7倍の1,199億円あって資金的にはかなり苦しい経営であるといえる。

ユニクロや青山とは違って、扱い商品の数が多いのも難点の一つである。

2 仕入管理はこうする

仕入は、売上の元を成すもので、仕入の上手下手で、最終の利益は大きく変わる。当然ながら高い仕入は、利益を減らし、安い仕入は、利益を増やすが、安くても売れない商品の仕入は在庫を増やすだけで、結果として、大きく利益を損なうことになる。だから、思惑買いが一番いけない。「利は仕入にあり」、この仕入管理が商売のコツである。

儲けをより確実にするための目標利益固定の経営手法は、かなり窮屈のようであるが、基本をしっかり実行に移すことで儲けに繋がる。ズバリ、仕入管理は、この方法でなければならない。

「売上－利益＝仕入＋経費」であるので、「仕入＝売上－利益－経費」

仕入は、売り値から利益を確保し、経費を賄い得る価格での額で仕入れねばならない。売り値を決めることは商売そのものである。こうした管理により、経営に経理の基本と会計が不可欠であることが、自然と理解できるであろう。

◎仕入の10基準

ここで、仕入に当たって何を基準にするかのポイントをかかげておこう。

①　価格
②　数量
③　品揃え
④　売れ筋重視
⑤　大量展示
⑥　限定販売
⑦　受注次第
⑧　当座買い
⑨　現金買い
⑩　締め日直後買い

それぞれ簡単に説明する。

①　価格……価格重視で安い物を買うのが目的であるが、資金力と一定の数量買いが必要である。安い仕入で利幅を確保し、採算を取るやり方である。

②数量……大量仕入で大量販売する方法と、常に一定数を仕入れて販売実績とのバランスをみるやり方、日用雑貨類の販売に多い。
③品揃え……その種類であれば何でもあることを特徴とするやり方で、お客を呼び込む。ホームセンターに見られる。
④売れ筋……売れ筋商品を重点的に仕入れる。
⑤大量展示……薬局や赤ちゃん用品のように、とにかく大量に展示し、お客に店の印象づけをする。
⑥限定販売……ブランド品のように、現品限定でお客の購買欲を起こさせる。
⑦受注次第……売れてから仕入れるやり方で、最も堅実であるが、なかなかこうはいかないものである。
⑧当座買い……必要なだけ買う。補充仕入れ、材料仕入れは少ないわけで、たとえ高くついても、この方法が最もムダがない。
⑨現金買い……毎月現金回収できたり、即金仕入れであれば、多少の歩引きをしても売る価値はあるので、安い仕入につながる。
⑩締め日直後買い……何日締め何日払いの仕入れ方法で、締め日直後に仕入れするやり方である。資金に乏しい会社に多い仕入方法といえる。

3 買掛金は利息のいらない借入金

貸借対照表の貸方表示に、支払手形に次いで二番目に表示されるのが、買掛金である。支払手形は、既に相手に渡り、現金化の日が約定されている。その次の買掛金は、通常何日払いの約束どおりに現金又は支払手形で、これも約束どおりの支払日が決まっている。現金払いの約束順に記載されているのが、貸借対照表である。約束日に現金決済できなければ、借入れしてでも現金決済する。この意味において、決済日までの束の間の利息のいらない借入金といえる。

要するに、売りも仕入も、キャッシュベースで経営するのが基本であって、不要の利息を発生させない財務力、キャッシュ力が必要なのである。

4 仕入先を大切に――スピーディーな支払い

仕入先とも二人三脚の心得で商売しなければ、良い商品、安い商品、スピーディーな品揃えができなくなる。仕入先も商売である。この売上によって、経営をしていることを忘れてはならない。ともすれば、力のない会社ほど、支払う側の立場になると相手に無理難題だけを強いる経営者がいる。「買ってやっている」という気持ち、態度の人が意外に多いのである。そこで「商売はご互いさん」の精神があればこそ上手く運ぶのだと思う。

仕入先、外注先の利益を計算して、値切るだけ値切るという大企業に、苦しめられた顧問先がある。電卓の構造部品を加工していた会社である。電卓そのものが驚くばかりの安い価格での販売競争のため、仕入値を値切るのである。一銭、二銭の単価で値切られ、数量が膨大なため、幾度かの値切り交渉で、遂に、まったく儲からなくなってしまった。仕入担当者は、社命で動くのだろうが、あまりにも身勝手な、大企業のやり方である。「生かさず殺さず」という言葉があるが、この仕打ちを如実に見せられ、その余波は私どもの顧問料にまで及んだのである。こんな方法で、安い商品を出しても、今では、ほとんど電卓には儲けがないのは世間も承知のことで、魅力ある商品とはいえない。安い値段設定を急ぎ、消費者が商品の魅力を失ってしまうほど値段を下げたのは良かったのか、悪かったのか。結果消費者が電卓を大事にしないことに繋がってしまっているのではないか。

仕入先とも共存共栄ができてこその商売なのである。商品が安ければ、いつまでも売れるというものではない。世の中、高値の華の品物もたくさんある。そういう商品を消費者はほしいのだ。ブランド品しかりである。

第6章

経　費

1 経費の支出から始まる商売

何をやるにもカネがいる。じっとしていても一日経てば自動的に経費が必要だ。動けば、なおさら経費がかかる。経費を悠然と使って儲かる商売であればよいが、そうはいかないのが現実である。やはり、経費の使い過ぎ、過大にならないよう、ムダが起きないようにしなければならない。その一方で、集中的に経費をかけても、効果を勝ち取り得る場合もできてくる。この経費感覚が必要なのである。何度も述べているが、経費は売上総利益の2/4、つまり人件費1/4、その他経費1/4の原則で管理するとよい。

経費には、販売費及び一般管理費と製品製造原価に属する労務費と製造経費がある。その他に営業外費用もある。

科目配置表によれば、実に多くの経費科目があり、こういうのをみると、ほとんどの経営者は、いやになるようである。詳しくみる必要はない。とにかく事業を進めるには、これだけの種類の経費がいるのだから、経理の記録をしっかりとること。会計データによる、ムダの管理が不可欠であることだけ頭に入れればよい。

2 経費のチェックポイント

注意を怠ると、どんどん膨らむのが経費だ。事業内容によって、負担に違いがあるが、総枠で売上総利益の$\frac{1}{4}$（人件費と合計で$\frac{2}{4}$）の厳しい網をかけることで、売上・仕入・人件費・経費・儲けというリズム作りができるのである。

次頁のＴＫＣ経営指標で、上場企業の中でも、優良企業と優良までいかない企業を比較してほしい。

黒字企業をみると、製造業、卸売業、小売業のどれも、人件費が、売上総利益の五〇パーセントを超えている。販売費・一般管理費は三五から四〇パーセント超となっており、これではとても本当の儲けにはならない。本当のという意味は次のとおり。

① 税金を払った後の内部留保で、資本を増やし自己資本比率を高める。借入金依存体質より脱却する。

② 世の中の変化に対応する。

③ 研究開発や再投資に備えるということである。

ＴＫＣ経営指標（平成16年1月～平成16年12月）

製造業

（千円）

	黒字企業中位		0.5億円未満		0.5億円～１億円		１億円～2.5億円	
売上総利益	100%	3,053	100%	3,027	100%	3,086	100%	3,199
人件費	51.5%	1,573	54.9%	1,662	52.3%	1,613	49.2%	1,573
他販・管・費	37.4%	1,141	35.0%	1,060	36.1%	1,113	36.1%	1,155
営業利益	11.1%	339	10.0%	304	11.6%	359	14.7%	470
平均従業員数		14.6名		4.5名		8.2名		14.6名
全体営業利益		4,949		1,368		2,944		6,862

卸売業

（千円）

	黒字企業中位		0.5億円未満		0.5億円～１億円		１億円～2.5億円	
売上総利益	100%	7,849	100%	4,733	100%	6,200	100%	7,269
人件費	54.7%	4,296	50.5%	2,391	53.3%	3,302	54.1%	3,929
他販・管・費	39.3%	3,083	44.3%	2,099	41.4%	2,568	39.6%	2,877
営業利益	6.0%	470	5.1%	243	5.3%	330	6.4%	462
平均従業員数		8.1名		2.8名		4.1名		6.5名
全体営業利益		3,807		680		1,353		3,003

小売業

（千円）

	黒字企業中位		0.5億円未満		0.5億円～１億円		１億円～2.5億円	
売上総利益	100%	5,553	100%	4,258	100%	5,240	100%	5,752
人件費	56.6%	3,141	52.1%	2,220	55.6%	2,911	54.9%	3,160
他販・管・費	41.3%	2,296	45.8%	1,951	42.0%	2,199	41.6%	2,393
営業利益	2.1%	115	2.0%	86	2.5%	129	3.5%	199
平均従業員数		9.0名		3.3名		5.6名		10.0名
全体営業利益		1,035		284		722		1,990

上場企業

（百万円）

	㈱ファーストリテイリング（ユニクロ）		洋服の青山商事㈱		ホームセンターのコーナン商事		堀場製作所		京セラ	
	15.9.1		16.4.1		16.3.1		16.3.21		16.4.1	
	16.8.31		17.3.31		17.2.28		17.3.20		16.3.31	
売上総利益	100%	161,748	100%	84,422	100.0%	71,823	100.0%	12,606	100.0%	10,273
人件費	19.2%	30,992	84.5%	71,323	93.0%	66,814	66.8%	8,417	25.6%	26,326
他販・管・費	40.7%	65,881							41.6%	42,775
営業利益	40.1%	64,874	15.5%	13,099	7.0%	5,009	33.2%	4,189	32.9%	33,822

大多数の中小企業は赤字で、たとえ、黒字であっても、内容に乏しい。社会の変化に弱く、少しの売上減少で、赤字に転落し、常に資金繰りによる商売を強いられている存在である。常に、銀行対応に右往左往している状態で、経営者が、じっくりと経営に取り組み、将来を見据える力が鈍る原因になっている。

◎目指せ高収益の生産性体質

「儲かる会社に変える」ためには、いくら厳しくても人件費・経費で2、営業利益2という「質的拡大、事業の再構築」に取り組む必要がある。逆に考えると、人件費、経費は世間並みに必要で、どうしようもない。だから、高収益の生産性体質の努力に欠けているのである。ユニクロや京セラ、堀場製作所という優良企業をみると、やはり、見事にこの方式は達成され、営業利益率も四〇・一、三二・九、三三・二パーセントとなっている。これらの企業は最初から大きな会社ではなく、まさに、ベンチャー企業で、社長のやる気と企業全体の努力で、高収益の生産性をあげる体質をうみ、ここまできたのである。このことを強く思いの中に入れてほしい。諦めては何もできないのである。

経費のチェックポイントは、一つ一つの細かな管理の積み重ねで、人件費1、経費1に近づけることである。

3 経費節減だけでは逆効果もある

経費の節減は、常に行う必要がある。しかし、日頃はなおざりにしておいて、会社の状態が悪くなってから、あれもこれもと、闇雲に削る会社がある。大手ゼネコンの経営状態が悪化し、赤字も常態化してきた時期に、営業マンの一か月の経費を交通費込みで一万円と定めた会社がある。各営業マンから動きが取れないと、不平不満が叫ばれたが、会社側は受注が取れなければ一万円以上は払わないという。一〇〇〇人近くいた社員のうち、営業部門には当然二〇〇人くらいはいる。毎月、これだけで二〇〇万円の計算になる。結果は、なお一層の受注の減少になってしまった。この会社は、私の長年の顧問先で、営業の人との付き合いも深く、会社の事情はよくわかっていた。他社に比べて営業力が弱いのである。そのうえに、下請工事会社の結束が強く、工事原価が他社に比べて高い。これが、この会社を低収益にしている。一年に何の受注も取らない営業マンが何人もいる。こうしたことが放置され、何年も続いているのである。営業の教育訓練不足であるし、勉強不足、自覚不足である。そのくせ外部の意見は受け入れない。変に上場会社意識がある。空き地の謄本を上げて、各戸訪問の営業を提案しても、そこまで当社はしませんと言う。系列銀行の情報を当てにするか、デベロッパーにお願いに行くだけ、これでは業績が改善するわけがないが、会社全体が変化することもなく、人員削減や経費削減のみで対応している。敏腕の営業部長の数人も定年前にリストラしてしまったので、答えは明らか、売上低下になってしまった。

こうした、営業力が会社の死命を決する企業で、営業経費を削って動きを鈍らせたり、営業マンを減らしたりするのは、方法の間違いである。真の原因は、銀行から天下る社長や商社から天下る社長が続いて、経営者が現場をまったく理解していないため、工事の生産性を高めることにメスが入らず、競争になれば弱いのである。また、飲食業でよくあることだが、成績の悪いレストランほど、人を減らし、お客さんを案内するのも料理を出すのも時間がかかり、サービスの低下が目立つ。客の心理として「次は絶対に行かない」となる。これも悪循環である。経営者は支配人や店長任せで、これも現場が見えていないのである。

このように、経費の削減のポイントを誤れば、本当に悪い回転になる場合が多いので、要注意である。やはり、原理原則に従った生産性の向上と経費削減が大事である。

4 人件費の比重と貢献度

従業員が一人もいない会社として、一〇〇パーセント外注で仕事をして評判になり、テレビでも取り上げられた企業が東大阪市にある。しかし、通常は、何人かの社員がいて、この人たちと経営者で会社は動いている。経営者も含めて、人は欲と二人連れでこそ働く意欲が沸くものだ。

この人件費の扱いが非常に難しく、経営上重要なポイントである。人件費とその貢献度をみるのに、中小企業リサーチセンターの小企業の経営指標では、次頁の計算式を使うのだが、これは非常に理解しづらいものである。

そこで、簡単明瞭な方法で説明しよう。すなわち、貢献度は、単純に一人当たりの人件費で、いくらの売上総利益を稼ぐかをみるのが最もわかりやすい。

満足を得る人件費を維持し、売上総利益を上げるには、生産性の向上に全精力を傾注することを忘れてはならない。

売上高対人件費比率

$$=\frac{\text{人　件　費}}{\text{売　上　高}}\times 100$$

人件費対粗付加価値額比率（労働分配率）

$$=\frac{\text{人　件　費}}{\text{粗付加価値額}}\times 100$$

従業者１人当たり粗付加価値額（労働生産性）

$$=\frac{\text{粗付加価値額}}{\text{従　業　員　数}}$$

粗付加価値額は、人件費、減価償却費、支払利息割引料及び当期純利益（＝税引前利益額）を合計した額

従業員1人当たり月平均人件費

$$=\frac{\text{従業員給料手当＋役員報酬＋福利厚生費}}{\text{従業員数＋役員数（専従）}}\times 12$$

売上総利益対人件費

$$=\frac{\text{人　件　費}}{\text{売上総利益}}\times 100$$

京セラでは「時間当たり」の「差引売上」を採算の指標としている

売上－　経費（労務費を除く）　＝差引売上（付加価値）

$$\frac{\text{付加価値}}{\text{総労働時間}}=\text{時間当たり付加価値}$$

「生産性の向上に力を注げ」

忙しい忙しいと動いているようで、その割に儲かっていない会社や、いつ訪問しても、社員が整然と座っているようで、驚くほど儲けている会社もある。このように、外見的には判断がむつかしく、やはり中味は会計によるしっかりしたデータでみるべきである。例示したように、年間六億円の売上総利益を稼ぐ会社であっても、従業員五〇人の会社と従

従業員50人の会社の売上総利益　$\dfrac{600{,}000{,}000円}{従業員\ 50人} = \dfrac{12{,}000{,}000円}{3{,}000{,}000円}$

1人当たり売上総利益　12,000,000円　$\times \dfrac{1}{4} =$ 3,000,000円

（1人当たり人件費）

従業員25人の会社の売上総利益　$\dfrac{600{,}000{,}000円}{従業員\ 25人} = \dfrac{24{,}000{,}000円}{6{,}000{,}000円}$

１人当たり売上総利益　24,000,000円　$\times \dfrac{1}{4} =$ 6,000,000円

（1人当たり人件費）

１人当たりの付加価値額（売上総利益）＝ $\dfrac{売上総利益}{従業員数}$

パート勤務者や派遣社員は時間換算する。

（例）４時間労働で0.5人

期中の平均人数を取る

業員二五人の会社では、同じ実力ではない。五〇人で六億円稼ぐ会社では、一人当たりの売上総利益は一二〇〇万円である。一方、二五人の会社では、一人当たり売上総利益は二四〇〇万円と二倍稼いだことになる。五〇人の会社では、人件費を売上総利益の$\frac{1}{4}$に抑えようとすれば、一人当たり平均年間三〇〇万円にしかならない。一方の二五人の会社では、一人当たり六〇〇万円ということになる。五〇人の会社は、生産性を倍に上げなければならないのである。

　非常に厳しい貢献度のチェックであるが、ほとんどの企業において、達成されておらず、人件費の比重は高まり、赤字企業が増えている。その意味において、「徹底した原価管理による利益率アップ」を図るというような生産性の向上に知恵を使うべきである。

5 自らの報酬も充分とれて一人前

中小企業では、通常経営者が資本を出し、借入れに際して担保を提供し、連帯保証までしている。儲からなければ退職金がとれるわけもなく、何の保証もないのである。まさに、会社と運命は一蓮托生である。したがって、充分な報酬をとり、従業員と同じように生活費、子育て教育費、住居費をとり、その上に生命保険の備えや退職積立て、余剰金の預貯金が必要である。

ところが、実際は運転資金重視や次の借入れに支障をきたさないため、会社が赤字にならない程度に、役員報酬を抑えざるを得ない企業が大多数ではないだろうか。だから、現状では責任は一〇〇%で、報酬は僅かとなっている。この図式で商売を継続する理由は、①自分の仕事だから、②他にすることがないから、③すべて自分の意思で毎日を過ごしているから、④会社の金を自分の判断で使えて公私の区別なく個人で使用できるから、などである。

この現実を突破するためには、中小企業は、小さくても会社と個人を明確に区別して扱うことが大事である。第一はその意味でまず、会社の儲けが先決となり、次に、その内容の充実を図り、役員報酬も充分にとり、個人の生活基盤が安泰であってこそ、はじめて経営といえる。担保提供や連帯保証の影響が、将来何ら問題とならないようにすることである。

そこで、実際に各企業はどれほど役員一人一人がその報酬をとれているのか、ＴＫＣ経営指標のデータでみることにする。黒字企業平均と黒字企業中位グループ、優良企業別平均、売上規模別に見たのが、次頁に掲げたＴＫＣの指標である。

私の関与先で見ると、最高が一人四二〇〇万円、平均一七四〇万円、一六六〇万円、一五五〇万円と続くが、決して高い報酬だとはいえない。ここから社会保険料、源泉所得税、地方税を払い、将来に備え自らの退職積立てとして小規模企業共済会の掛金を掛けるのだが、それも最高が毎月七万円である。充分な備えとはいえない。そこで生命保険の年金型もかける。これには各社多くの商品があり、退職後月にいくら必要かによって掛金が決まる。この上に住宅ローンを借りている人は毎月の返済も結構な額となり、残りから生活費を差し引くと僅かしか残らないのである。

余裕がなくてもこうしたものが全て賄える人は良い方で、企業の業績によってこれらの備えも解約し、会社に投入しなければならないケースが多い。このケースは、役員報酬が

ＴＫＣ経営指標（平成16年1月～平成16年12月）　（単位：千円、年額）

	黒字企業平均	黒字企業中位グループ	優良企業平均
役員報酬	14,883	13,335	24,503
社会保険料	1,087	1,087	1,087
所得税	2,280	1,092	2,927
地方税	958	1,074	2,526
差引手取額	10,558	10,082	17,963
住宅ローン（2,000万円20年変動金利2.375%）	1,260	1,260	1,260
生命保険料（40歳3,000万円掛け捨て）	120	120	120
小規模共済掛金	840	840	840
生活費	3,600	3,600	3,600
余剰金	4,738	4,262	12,143

	1億円未満	1億円～5億円	5億円以上
役員報酬	7,761	16,849	31,066
社会保険料	900	1,087	1,087
所得税	274	2,029	2,927
地方税	418	1,531	3,379
差引手取額	6,169	12,202	23,673
住宅ローン（2,000万円20年変動金利2.375%）	1,260	1,260	1,260
生命保険料（40歳3,000万円掛け捨て）	120	120	120
小規模共済掛金	840	840	840
生活費	3,600	3,600	3,600
余剰金	349	6,382	17,853

かなり低い企業の方が多いといえる。最も極端な例は月に一〇万円の報酬という経営者もある。これは社会保険がどうしても必要なためにゼロにはできず、この額になっているのである。この額で生活できるわけもなく、当然毎月もっと必要である。残りの必要な額は、これまで会社に貸し付けた額の返済でとって生活をしているのである。このように厳しい対応に耐えて、毎日がんばっている経営者もあるのだが、何かが間違っていると思う。この状態からの脱却はよほどのことがなければかなり難しい状況にある。これ以上の銀行借入は、返済の目途が立たない。貸してももらえない。業績の好転を待つしかないといった企業もたくさんある。その多くが、出口を見い出せていないのである。

どうしてこうなったかを考えてみると、一番の理由は、確たる儲けのリズム、黒字リズム、返済リズム、自己成長リズムという企業全般の構築が甘かったのではないだろうか。順調な時は、税金アレルギーが先に立ち、充分な利益の計上を嫌い、結果として内部留保が少なくなってしまっている。また、日々の忙しさで、生産性について真剣に検討を加えてこなかったのではないだろうか。このあたりが、中小企業と、中堅企業に成長した会社との大いなる差である。大企業より企業の体力は極度に小さいのだから、小さくとも内容重視の体力作りが必要である。その意味で、生き残りに全精力を傾注し、企業体力作りを一からやることである。

第7章

売上・売掛金

1 会社全体を高収益体質にする

全体のGDPの伸びで、世の中を引っ張る時代ではなくなった。個々の企業努力が、物を言う社会になっている。中国や東アジア諸国の安い労働力を利して造られた製品が、大量に国内に入ってきて、激しい価格競争を強いられる。その中で、自らの企業はどうあるべきかを考えねばならない。自らを高収益体質にすること、これが勝ち残る第一の方策である。そのためには、利益率の確保が必要である。

④	売　　　上	（最大に）
	売上原価	
	期首棚卸高	
	当期仕入高	
	期末棚卸高	
③	売上総利益	
⑤	利　益　率	（高収益率）
①	経　　　費	（最小に）
②	利　　　益	（高収益）
⑥	税　　　金	
⑦	返　　　済	
⑧	内部留保	

①経費を最小に押さえ、いくらの②利益を出したい。そうすれば、いくらの③売上総利益が必要か、④売上はいくらまで可能かを逆算式によって、⑤利益率を算出する。

税引前利益率10%　　借入金は売上の30%

売　　上	税引前利益	税　　　金	差　　　引	返済５年
１億円	1,000万円	500万円	500万円	600万円
３億円	3,000万円	1,500万円	1,500万円	1,800万円
５億円	5,000万円	2,500万円	2,500万円	3,000万円
10億円	10,000万円	5,000万円	5,000万円	6,000万円

この時の利益の中から、必然的に必要な⑥税金、⑦返済すべき借入額又は返済したい借入額を見込み、残りの内部留保額の積み重ねで、自己成長を目指す。このことを念頭においた計算式でなければならない。

⑧こうした高収益の企業体質にするためには、どうすればよいか。それには積み上げ方式で企業組織を構築する。この積み上げられた組織で動くためには、経営者から従業員の全員が二人三脚で参加した形で目的に向かって進むことである。この過程が全てで、会計データで、全員が理解できることが必要となる。このことが、高収益体質企業を生むこととなるのである。

製造業・卸売業・小売業・サービス業など業種と事業規模によって生み出される売上や売上総利益の額は違う。個々の事業によって、この逆算式で出た利益率の確保が必要となり、更なる企業努力によって、売上を最大にし、反対に経費を最小にすれば、儲けの果実（利益）を手にすることができる。その際に大事なことは「これを継続すること」である。

税引前利益率20％　借入金は売上の30％

売　上	税引前利益	税　　金	差　　引	返済５年	内部留保
１億円	2,000万円	1,000万円	1,000万円	600万円	400万円
３億円	6,000万円	3,000万円	3,000万円	1,800万円	1,200万円
５億円	10,000万円	5,000万円	5,000万円	3,000万円	2,000万円
10億円	20,000万円	10,000万円	10,000万円	6,000万円	4,000万円

売上に対して、税引前利益で一〇％とすると、前頁の表になる。

この利益率であれば、売上の三〇％の借入れをしていれば、五年では返済できず六年かかることがわかる。しかも、配当、役員賞与、内部留保はゼロである。

次に、売上に対して、税引前利益を二〇％とすると、上表のようになる。

二〇％の税引前利益率であれば、売上に対する三〇％の借入金を五年で返済し、それぞれ内部留保を積み立て、次への企業展開に備えることができる。

このように、中小企業を高収益体質にすると、次のようなことが可能となるのである。

①　財務体質を強化する。
②　将来に備えて経営を安定化させる。
③　事業展開の選択肢を広げる。
④　M＆Aで弱点を補う。
⑤　無借金経営の実現を早める。

2　中小企業ほど低価格戦略はムリ

中小企業が低価格戦略をとることはムリである。俗にいう薄利多売は、まず、大量に仕入する力、集客力をもって大量に仕入れた商品を売り捌かねばならない。加えて、この間の経費を賄い切る利益を、薄利の中から生み出さなければ、損につながりかねない。また、低価格戦略には、利益をもたらす会計の裏づけが必要である。

単に、安ければ売れる時代ではもうないのである。

アパレル企業の在庫一掃という処分販売に接し、なるほど安いと実感した。このことを息子に話したが、私の思いに反し「それがどうかしたの」といわれてしまった。必要でないものはいらないのである。つまるところ、消費者がほしいと思わない物はいくら安くても売れないのだ。消費者が未だ手にしていない新商品――ｉＰｏｄや、画素数が高く画面の大きな、しかも軽い、デジカメのようなものなら消費者は直ぐにも反応する。低価格なら、なおさらである。お客さんが喜んでくれる値段で価格は決まり、商品は売れるのである。

売れ筋商品の低価格戦略について言えば、粗利が低いのだから、それにみあった一定量を売らなければ、全体としての利益確保はできない。

高収益体質にするための条件は、次のとおりである。

① 安い仕入を維持する財務力

② 一定量の販売力

③ 売り場の対応力

3 価格から生まれる顧客満足

液晶で薄型、壁掛けテレビのように、消費者がほしいと思っていても、これまでのように一台一〇〇万円もすれば、数量的には僅かしか売れない。京セラの稲盛和夫さんが「値決めは商売そのもの」と言われるように、価格設定は非常に難しい。

私は、不動産について、いつも話すことがある。不動産というものは、書いて字の如く動かない。動きにくいものである。だから、「売る時はちょっと安い、買う時はちょっと高い」で、価格を決めれば、ほしいものが早く手に入るのである。売る時のほしいものは当然お金であり、買う時のほしいものはその物件である。

人の思いというものは、売る時はちょっと高く、買う時はちょっと安いを望むものであるが、実際はそう簡単にはいかない。思いとは反対のことを決断することによって、早くほしいものを手にすることができるのである。このように価格は相手を優先して、一歩譲ったところで決定すると、相手の満足が得られる。そうして、はじめて取引が成立する。

しかしである、単に安ければ、どんどん売れるというものでもないし、高いからといって売れないわけでもない。やはり大事なことは、価格のついたモノそれ自体の良さがあってこそ、価格が生きるのである。誰しもが安いと思う百円ショップの品物でも、必要以上には売れないだろうし、ブランド品や高級車のように、高くてもそれを手にすることで、優越感や自分もその高いモノを手にしたという満足感のようなものが得られれば、買うのではないだろうか。高級ホテルでの喫茶や食事には、安心感と良い雰囲気・サービスの心地良さがある。そこに人は吸い寄せられるのであって、そうした要素が欠けてくると、顧客は離れていくだろう。また、便利さ・手軽さ・気取らず普段着で簡単に利用できるというものも、世間にはたくさんあるし、人の好むところでもある。

4 売上の大きさを追わず、採算を高める

これは経営の最も重要な心得えである。

今日の経済下では、売上の大きさを追うと、その反面で、多大な経費を伴うことが多くなってきている。そのうえに、まず仕入資金が潤沢でないと、現金商売以外は、後で必ず支払資金の問題が発生する。この意味で、現金商売以外はキャッシュフローとの兼ね合いから、次の原則を守らねばならない。「受取手形＋売掛金Ⅳ支払手形＋買掛金」と「(受取手形＋売掛金）サイト∨（支払手形＋買掛金）サイト」の安全バランスを保つことである。

また、売上の大きさを追うと、どうしてもサービスの低下、売れ残り在庫のムダが生じる。売り焦りから相手先をよく見ないと、回収面の不良が発生する。経営者は、決算書の中味を見馴れておらず、売上さえ上げれば儲かるものと短略的に考えがちである。儲けは数字でなく、現金・キャッシュを手にしての「商売は儲けてなんぼ」である。店舗ごとや事業部ごと、もっと細かくいえば一つ一つの取引ごとにキメ細かなシステムを確立して採

算を高めねばならない。

採算を高めるには、何より、資金力を高めることが第一の前提条件だ。より有利な仕入を可能にし、売り焦りなく堅実な売上での採算重視の経営管理手法を確立すれば、高収入が得られる。そのためには、有能な幹部を育て、採算重視の経営に参画させなければならない。経営の基本といえる採算の充分とれる売上最大と、ムダな経費を削ぎ落とした経費の最小という経営管理手法のシステム化を急ぐことである。そうすれば、自ずと、経理と会計が柱となると同時に、無理のない経営、「腹七分経営」での儲けのリズムが理解されることとなる。

5　顧客の反応が決め手

消費者主導、買い手市場になってからは、顧客の反応ほど恐いものはない。

どんな商売であれ、オーバーショップで供給過剰である。ゆえにお客さんはちょっとしたことで流れを変える。価格、風評、対応振り、物珍しさ、新規出店の一時集中、競合店の出現などありとあらゆる変化に簡単に反応する、王様であり、移り気、薄情なものである。私の事務所前の通りのフルーツショップ兼青物店（約二〇坪くらいの広さ）は、一年前まで大変な売れ行きで、舗道は自転車や客でいつも通りづらかった。ところが、地下鉄の駅寄りに、間口は広いが三坪くらいの小さなフルーツショップができて、広い店の方の客足が目に見えてバタッと減少した。

両店の違いを観察してみた。古い方は、中年男性だけの販売で、レジも男性が座って行う。新しい店は、若い女性販売員とあいそのある女性のレジ、裏の店を借り、そこから若い男性がドンドンと商品補充をする。好対象である。どちらも、スマートにはほど遠く、どちらかといえば泥臭い。新店は狭いながらも、舗道を使っての賑わいが一日中続き、車での来客も多く、古い店は見事にやられてしまった。また、商店街中の別の老舗の果物店は、後継者もやる気がなく、店を売却してしまった。新店は、値段もたいして安いわけではなく、珍しいものを売っているわけでもない。自分で勝手にカゴに入れて、お金を払うだけである。

これを見て、消費者心理は恐いものだということを痛感した。人は、大勢が寄る所に寄りやすく、さしたる理由もなく移動する。その移り気や薄情さは何とも無責任だが、「お客様は王様」である。

商売は、この客の反応を第一に、客から見離されないように、「ほんまもんの魅力を一つでも多くもつこと」である。オンリーワンなどと気取っている場合でなく、顧客の引き寄せ磁石の役目を果たすモノを持つことである。

6 変化に変化しよう

第7章の1に書いた、儲けの果実（利益）を継続するためには、企業は社会の変化に対応して変化しなければならない。簡単なようで難しいことである。だから大事だと言える。

私たち税理士も、右肩上がり経済の下では、税の専門家として、節税に努める方策を駆使して決算を仕上げれば、喜ばれたものである。ところが、赤字法人が七割近くにもなり、生き残るのに必死である今、節税を望む企業はわずかで、それより儲かる術や生き残る術を教えてほしいという企業ばかりである。私たち税理士も、多方面にわたって勉強し、各種の講演会にも参加し研鑽を重ねなければならない。そしてこれまでと違った角度で、経済社会や個々の企業、店舗を見て、話題の店に足を運び実体験してこなければならない。その上で、個々の顧問先に重ね合わせ、決算内容を凝視して指導に当たる。税理士法の改正で、広告規制や報酬規定が撤廃され、税理士業も大きく変化したのである。企業の変化、業界の変化に合わせ、税理士の変化こそを誰よりも成し得なければ、良い指導ができない。関与先に喜ばれる、後追いでない先導的変化、これこそ真の変化である。何も大きさや事業規模ではない。小さければ小さいなりの変化、目には見えないが消費者に伝わる変化、売上に反応する変化、これが大事である。

地域一番店を目指し、各地でがんばっている企業もたくさんある。商品力、つまり、品揃えで、他店との差別化を図る店や町全体で取り組んでいるところもある。たとえば、わが町、平野であるが、寺や神社が先導し、平野映像資料館、自転車博物館、幽霊博物館、浮世絵とやきもの博物館、新聞博物館、くらし博物館、鎮守の森博物館、音の博物館、町家博物館、和菓子博物館、平野民俗資料館、郵便局博物館、駄菓子屋博物館、へっついさん博物館などの名所をおき、連帯して町（平野郷）の復興に取り組んでいる。

何が悪いといって、漫然と時を過ごすのが一番悪いのである。自己資本力、財務力が、脆弱な中小零細企業ほど停滞は許されず、この間に悪化が進む。世の変化に日々新たな対応してこそ、強さを生むことになる。世の中には新製品があふれ、大型店や新しい店舗がどんどん出現している。財布の中身がいくらあっても足りないくらいに、誘惑の魔の手が買ってくれと叫んでいる。財布の紐も堅くしなければならない。こんな折でも、消費者は微妙なことに反応し、その流れを加速させる。商売は、世の中の変化に俊敏に変化しなければいけない。一見、何の変化もないように見られる老舗であっても、その中身は必ず変化しているのだ。

7 下請けは下請けに徹する

何事によらず、徹するということには、必ず、その効能はあるものである。その意味で下請けは下請けに徹することである。

下請け企業の場合は、親企業に左右されるし、親企業の業績によって、注文を減らされたり、切り捨てられる場合もある。また、親企業が新製品を出すために、生産設備の買換えも必要となり、より性能の良い設備投資が要求される。借入れでの対応では償却できなくなるので、日頃から、親企業の安い下請けの中でも、儲けを出せる体制づくりをしておかなければならない。

一人当たりの生産性を上げる創意工夫の積み重ねが、業界内でも負けない、コスト競争力をもつことになる。コストを徹底的に下げて、税引前の利益率を一〇％にすること。ほとんどの下請けの形態は、相手先ブランドの受託生産型ＯＥＭで、提案型ＯＥＭは行っていない。品質重視とコスト削減の下請けに徹底することにより、生産性を五倍、一〇倍に上げる高収益体質にして、親企業に対する存在の重要性を認識させれば、下請けも悪くはない。しかし、提案型になろうとか、下請けからの脱却などは言うはやすく、行うは難しである。本業に徹することと、採算を高めることが、今後の経営の最重要課題である。親企業も必死の利益追求であるため、常に安い下請けに甘んじなければならないが、その中でも、利益を出せる生産体制が築ければ、業界内でも誰にも負けないコスト競争力を持つことになる。

8 得意技をもつ

◎お客に満足を与える笑いの王国

先日、何年ぶりかに、大阪なんばの吉本グランド花月に、多くの顧問先の方々と足を運んだ。平日の三時開演というのに、千人近く入る劇場は満員である。平日は二回公演、土曜日曜は三回公演であるが、連日満席、チケットの手配は大変である。

この日も、新潟県や山口県から来た人たちがおられた。地方から観光バスを何台も連ねてやってくる人たちで、席は連日埋まるのである。吉本興業という会社は、かなり商売上手であるから、吉本に所属する芸人が連日テレビやラジオに出て、全国知らない人がいないということになって、一度生で見てみたいとなるのだろう。それやこれやがあっても、結局は、掛け値なく面白いことである。どの芸人もプロ根性をもって、客を休ませずに笑わせる。これである。ほんまもんの笑いの王国が吉本であり、それが吉本グランド花月にある。人は、普段、何のてらいもなく、腹から笑い、背中まで痛くなるようなことは少ない。笑いは人生を明るくし、幸せにする。さらに、糖尿病や認知症防止等に大変な効果があることが、医学の研究で立証されている。

私は、これを体感しながら、商売は、このように掛け値なくお客に満足を与え、喜ばれれば、儲かるものだと、強烈に印象づけられた。吉本興業は、今年は過去最高の増収増益という。

お客に掛け値なく旨い、これは良い、ちょっと作れないなあと思わせれば勝ちである。これが、商売の極意。オンリーワンでは語感がいかにも軽い。匠、巧み、極みの得意技の域に入れば鬼に金棒である。（まずはオンリーワン、そして、次に匠、巧み、極みである）

◎笑いの王国の決算内容

それでは吉本興業の決算内容を覗いてみよう。

この損益計算書からわかるように、税引前利益率は一一・六％と高収益を維持し、自己資本比率も六一・四％と申し分ない。また、借入金は六〇億円あるとはいえ、対自己資本比で二〇・四で、まったく問題ないといえる。まさに、儲けのリズム、黒字継続リズム、返済リズム、自己成長リズムが備わっているといえる。吉本興業は、ほんまもんの得意技をもつ、笑いの王国が築き上げた優良企業である。

吉本興業株式会社

損益計算書

平成16年４月１日から

平成17年３月31日まで　　　　（千円）

営 業 原 価	23,395,954	営業収益	28,104,486
売上総利益	4,708,532		
販売費及び一般管理費			
	1,387,743		
営 業 利 益	3,320,788		
営業外収益	657,776		
営業外費用	224,276		
経 常 利 益	3,754,289		
特 別 損 益	487,924		
税引前利益	3,266,365		

売上総利益率	16.7%
税引前利益率	11.6%
自己資本比率	61.4%
借入金	6,000,000 千円

（対自己資本比　20.4%）

9 経営にはライバルが必要

ライバルのない商売はない。独占禁止法があるように、独占は許されない。ライバルがあるから、努力し向上する。これが資本主義である。

◎税理士業を考えてみる

税理士は、全国に六万九一七〇人の登録者（一七年一〇月末日現在）がある。士業五万人体制を達成しているのは、税理士だけである。石ころを蹴れば会計事務所に当たると言われるくらいに過密である。

常に、不安定で、業績が思わしくない中小零細企業が対象の業務である。ライバルは山とあるし、広告規制もはずされ、報酬規定も一律のものは撤廃された中で、財務省の管理下ではあるが、護送船団方式ではなくなっている。

税理士に無償独占（税理士法五二条）の権利が与えられ、資格のない者は、他人の租税に関し、税務代理や税務書類の作成、税務相談は行ってはならないことになっている。反対に義務もある。小規模事業者への税務支援、年間三六時間の研修努力、厳しい倫理等数々のものを守らねばならない。そのうえ、本来の業務である「税の専門家」ということだけでは、今の社会では立ち行かない。「会計の専門家」として「中小企業の会計に関する指針」に基づいて、会計を柱にした経営を指導し、間接金融（銀行借入）を容易にするためのチェックも必要である。また、借入依存体質にならない企業体力づくりの指導も重要となる。

さらに、税理士自身も、高収益体質の構築ができなければ、人件費倒れになる。なにしろ、経費が膨大にかかる時代だ。その上に、関与先には、より安い料金に応じなければならなくなっている。士業だといっても、クライアントは王様であり、移り気である。期待に応えて満足を得てもらうことは当然で、その上に、どのようなサービスを提供でき、喜ばれる究極の客引き寄せ磁石を持つかどうかが今後の課題である。

ところで、アメリカには、最大の税務と財務サービス会社H&RBLOCK社がある。確定申告業務に限らず、資産運用アドバイスや住宅ローン、「Tax Cut」という申告のためのソフトを提供し、全世界に一万四〇〇のオフィスを展開し、約二一〇〇万件のクライアントを抱える巨大企業である。この企業が、日本進出の機会を近い日に果たすと思われる。加えて、国内でも、大手企業の会計事務所のグループ提携化が進んでおり、強大なライバルの出現ラッシュが予想される。

話はまったく異なるが、宝塚歌劇が繁栄し、ＯＳＫはなぜ解散したのか。これは宝塚には花、月、雪、星組と四つの組があり、最近では、宙組も加わり五つの組（ライバル）が宝塚内部で競い合い、互いに切磋琢磨して、素晴らしい舞台になるように、常に努力を重ねてきた結果である。宝塚は、九〇周年を迎えた今も変わらずファンに愛されている。一方のＯＳＫは、内部での競争（ライバル）がなく、ファンの数では、格段の差ができてしまっていた。したがって、親会社の業績悪化に伴って、解散のやむなしに至った。

第8章

回収が使命

1 掛売り商売、回収が肝心

通常の取引では、①注文があって発生し、②商品を引き渡して成立する。これで一応の代金請求債権が生じて売掛金となるのだが、受取手形での回収は、完全な取引の完了ではなく、その受取手形が現金化されて、はじめて取引が完了するのである。このことで明らかなように、現金を握ってこその商売であり、儲けである。

そこで厄介なのは、会計や税法会計を理解しているとわかるのだが、売上の段階で、そこに含まれる利益について、課税が発生することなのである。税法は、権利の確定段階で課税することになっている。売掛金や受取手形は、既に債権としての権利が確定しているので、その儲けの部分について課税は先行することになるわけである。現金での回収はされていないのに、納税は現金納付が原則だから、納税資金の調達に、借入金が必要だというケースはよくある。

回収で一番大事なことは、現金回収で取引は完了するということである。売掛金や受取手形の段階で、利益がいくら上がっても、税金を払うために借入が発生してしまう。万が

現金回収90の例

貸借対照表B／S　　（表1）

<table>
<tr><td>現金</td><td>90</td><td>支払手形</td><td rowspan="2">30</td></tr>
<tr><td>受取手形</td><td rowspan="2">10</td><td>買掛金</td></tr>
<tr><td>売掛金</td><td>借入金</td><td>30</td></tr>
<tr><td>その他流動資産</td><td>20</td><td></td><td></td></tr>
<tr><td>固定資産</td><td>80</td><td>自己資本</td><td>120</td></tr>
<tr><td></td><td></td><td>当期純利益</td><td>20</td></tr>
<tr><td>資産合計</td><td>200</td><td>負債及び資本合計</td><td>200</td></tr>
</table>

現金回収10の例

貸借対照表B／S　　（表2）

<table>
<tr><td>現金</td><td>10</td><td>支払手形</td><td rowspan="2">30</td></tr>
<tr><td>受取手形</td><td rowspan="2">90</td><td>買掛金</td></tr>
<tr><td>売掛金</td><td>借入金</td><td>30</td></tr>
<tr><td>その他流動資産</td><td>20</td><td></td><td></td></tr>
<tr><td>固定資産</td><td>80</td><td>自己資本</td><td>120</td></tr>
<tr><td></td><td></td><td>税引前利益</td><td>20</td></tr>
<tr><td>資産合計</td><td>200</td><td>負債及び資本合計</td><td>200</td></tr>
</table>

$$\text{受取勘定回転率（A）}=\frac{\text{純売上高}}{\text{受取手形}+\text{売掛金}}$$

$$\text{受取勘定回転率（B）}=\frac{\text{純売上高}}{\text{受取手形}+\text{売掛金}+\text{受取手形割引高}}$$

この回転率が高いのは、売上代金の回収が早いことを意味し、低いのは代金の回収が遅いことを意味する。
しかし、現金化とは別である。

	（A）	（B）
製造業	7.0	6.8
卸売業	9.9	10.0
小売業	42.0	42.1
飲食業	50.7	50.7

損益計算書P／L

売上原価	60	売　上	100
売上総利益	40		
販売費及び一般管理費	20		
営業利益	20		
特別損益	0		
税引前利益	20		

（1） 損益計算書が示すように100の売上をして税引前利益が20あれば、この20について課税される

（2） したがって貸借対照表が示すように100の売上に対する回収が現金90（表1）であっても、10（表2）であっても利益の20に対する課税は同じである。

一税金発生後に、未回収や不渡り事故が発生すれば、次期の利益が損なわれるし、先に払った税金は、そこで通算するしか方法はないのである。何度もいうが、商売は、現金・キャッシュを握ってこその儲けである。

◎中国では回収が難しい

多くの日本企業が、中国へ工場を進出させている。ナショナル、サンヨー、アサヒビール、ダイキン、美津濃、泉南のタオル工場等々それこそ数え切れないほどの攻勢である。これら大手企業のすべては、中国の内陸部から職を求めてくる若い勤勉な労働力、特に日本の一〇分の一、二〇分の一という安い賃金を当てにした生産性の向上が狙いである。そこで生産されたモノのほとんどは、日本や欧米へ売られている。

しかし、私の関与先のように、中国国内向けの販売が多いという企業では、まったく事情を異にしている。中国という国で商いをするのは、昔から、「売り努力二割、回収努力が八割」といわれるくらいに回収が難しいのである。日本のように、「何日締め何日払い」というように整然とはいかない。

売れることは売れるが、回収が思うようにいかないために、売りを抑えざるを得ず、会社の業績は、大手企業のようにはいかないのである。「回収の保証」があってこそ、製造や販売に力が入るのだが、中国がコワイという一面である。

2 売り急ぎは貸倒れのもと

この項目の一番のポイントは、売り急ぎを生じさせないことである。

企業五則の中の四つのリズムで仕事ができて、健全な財務状態が維持できていれば、売り急ぎは起きないのであるが、資金繰り商売をしていると先が見えず、慎重性も欠けてくる。そこに落し穴ができるのである。

世の中で、金に詰まると、人は大なり小なり心が荒び、不正、不法、悪徳へと走る傾向にある。風潮がそれだけに売り急ぎをせず、売り先の調査を怠らないことである。信用調査が大事であるが、中小企業は、調査費用の捻出もできず、何の手も打たずに、多分大丈夫だろうで取引をするケースが非常に多い。結果、金額の大小はあるが、貸倒れ、不渡手形の発生が非常に目に付くのである。そのために、法人税においては貸倒引当金が認められている。

こうした貸倒れを少しでも減らすためには、先にも述べた新しい会社法（平成十八年五月施行予定）の要請する「会計帳簿の作成及び保存」と「計算書類の公告」が完全に実施されると、かなりの事故は防げると思われる。現行商法でもその施行規則で義務づけられてはいるが、現実には、上場企業以外は、ほとんど実施されずに放置されてきたという長い事実がある。

新しい会社法の四四〇条に「計算書類の公告」を規定し、中小会社であっても、決算公告は必要であるとして強く臨む姿勢を示している。

これは、中小会社でも、常に会計に基づき事業を進め、相手の信用も会計の中味によって量るようにする。そうして、取引をする慣行が定着すれば、貸倒れ防止の効果もあるということを狙ったものともいえる。

3 甘い誘惑は貸倒れのもと

売り急ぎと同じように、甘い誘いも貸倒れのもとである。今にして思えば、かなり昔になるが「ねずみ講」によって大きな社会的被害が発生したことがある。甘い利殖の夢に乗せられて、多くの人々が莫大な損害を受けた。その後はそれこそ、手を変え品を替えて、類似の手口でお金をもった人々に甘い誘いかけをし、利殖の罠にかけ続けたのである。足下がしっかりしていれば、冷静に判断ができるのだが、欲の心が邪魔をして、判断力を鈍らせるというより狂わせるのである。

さて、ポイントは、世の中「そうそう旨い話はないを心に銘ずべし」である。相手に渡した商品は返ってこないし、資金は回収できず、経費倒れの大損を招くことになること必定である。

4 売掛金は質（商品）をとられた売上

売掛金は債権であり、利益を含んだ売上債権の確定である。だから、回収の如何によらず、権利の確定で税金が先行するのである。

売掛金で最も恐いのは、商品やサービスが相手に渡ってしまっていることである。債権回収に事故があれば、まず、商品は返ってくることはない。サービスは、既に消えてしまって、ないのである。納めた商品には、利益のみならず、その商品を納めるまでのあらゆる経費も含まれている。その上での利益であって、単なる純利益ではないことを忘れてはならない。

製造であれば、材料仕入に伴う経費から製造原価を構成する労務費をはじめとした製造経費のすべて、加えて販売にかかわる一般管理費及び販売費を含めた上での利益である。物品販売業においても、同じように、商品仕入の経費から販売・納品までの一般管理費及び販売費のすべての経費を含んだ利益の乗った売掛金である。このように、売掛金は、商品という「質草」を渡した見返りの債権である。それが、スムーズに、現金として回収されなければ何業によらず成り立たない。この「質」が利益という会社の果実に変わるスキームが完璧に構築されて会社は発展するのである。現実は、平成一五年分の法人決算調査によれば、約二五五万の企業で、平成一五年末の貸倒引当金の合計額が一二兆一八五三億円もあるということは、この「質」は現実に多く流れていくものがあるということを物語っている。

第9章

利　益

1 黒字経営の絶対

中小企業の経営基盤は、大変脆弱だ。もともと資本金は少ないうえ、収益力に乏しいケースがほとんどで、資金繰りも、自転車操業か、それに準ずる程度というのが実情であろう。さらに、開発力、技術力、営業力に乏しく、下請けに甘んずることが多い。元請の都合や、時には、マクロ的な経済環境や外部的要因にも深刻な影響を受けやすい。もともと綱わたりのような経営状態といえる。

◎自己資本を充実させる

では、その綱渡りの綱を太くし、鎖とし、木の橋、石橋、鋼鉄製の橋へと会社の経営を向上させるにはどうすればよいのか。それは、決して、設備を増やし、人員を増やし、売上規模を大きくしていくことではない。まずは、自己資本を増強し、経営を安定させることだ。自己資本が充実してくると、資金繰りにも余裕がでてくる。自転車操業から脱出し、余裕のある経営が可能となる。「溜め」のある経営状態となる。会社の規模を大きくするのは、まず、自己資本を十分成長させてからでなくてはならない。自己資本が脆弱なままでの成長では、より不安定な経営状態をまねき、リスクを高める結果になるだけだ。

では、どのようなプロセスを経て、中小企業の自己資本を強化することができるのであろうか。大企業であれば、直接的に増資という手段をとることもできる。しかし、中小企業では、それも簡単ではない。グリーンシート市場のように、中小企業にとっても、市場から資本を調達するという手段も無いわけではないが、一般の中小零細企業にとっては、まだ現実的ではない。残された手段は、税引後利益の内部留保によるほかはない。継続した黒字経営を前提とし、税引後利益の獲得を重視した経営を地道に続けることが、なにより、中小企業経営に求められる至上命題なのである。

◎石に噛りついてでも黒字に

バブル期の遺産に苦しむ多くの大企業は、一〇年以上も、利益創出のためのリストラを徹底して行ってきた。大企業が黒字経営をしているのに、中小企業が赤字でよいわけがない。むしろ、大企業以上に黒字経営の必要性があるのだ。経営が不安定な中小企業だからこそ、大企業以上に、徹底的に利益にこだわった経営を押し進めなくてはならない。それが、企業存続のための唯一の方法だからなのだ。中小企業が傾いたとしても、誰も手を差し伸べてくれはしない。倒産しても気にもしてくれない。自分の会社は、自分で守るしかない。そのためには利益をあげていくしか方法がないのだ。

すべての中小企業経営者は、家族や従業員を守るために、日々頭を悩ませ、汗をかいていることだろう。「会社を守る。倒産は絶対にさせない」ためには、石に噛りついてでも黒字が絶対なのだ。それこそが、私が『「儲けたい・儲かる・儲かった」の実践社長学』というタイトルに込めた中小企業経営者へのメッセージなのだ。

2 決算書の利益と限界利益

一口に利益といっても、いろいろである。決算書の損益計算書の中にも、売上総利益、営業利益、経常利益、税引前当期利益、税引後当期利益と記してある。

「売上総利益」はいわゆる粗利益である。売上高から売上原価を控除したものが、これだ。まず粗利益が無くては話にならない。そこから、販売費と一般管理費を引いたものが「営業利益」、さらに利息等の営業外収益費用を加減算したものが「経常利益」となる。通常、企業の収益力は経常利益でみることになる。経常利益に、特別利益・損失を加減算したものが「税引前当期利益」である。原則として法人税等の税金計算の基となるものだ。そこから法人税・住民税・事業税の税金を控除したあとが「税引後当期純利益」、いわゆる最終利益だ。通常ここがプラスであれば黒字ということになる。

◎限界利益を知ろう

ところで、もう一つ、経営者が知らなければならない「利益」がある。「限界利益」と呼ばれるものだ。会計の苦手な経営者にとっては頭の痛い話かもしれないが、経営戦略の基本となる考え方なのでぜひ理解してもらいたい。

限界利益は、変動損益計算書の考え方に基づいている。実は、決算書に含まれる損益計算書は、外部への報告を目的とするものであって、ここから、経営戦略を導き出すことは、難しい。そこで、損益計算書の数字を組み替えて、変動損益計算書を作成しなければならないのである。損益計算書は、売上高から原価と経費を差引いて利益を算出するが、変動損益計算書は、すべての原価と経費を変動費と固定費に区分して考えることになる。

変動費とは、売上高に比例して増減するコストのことだ。物品販売業における商品仕入高が、その典型例である。一方、固定費は、売上高の多少にかかわらず、一定してかかるコストのことだ。たとえ、売上高がゼロであったとしても、支払わなければならないものである。例えば、家賃であったり、リース料である。歩合給などで多少の増減はするものの、人件費も固定費と考えてよいだろう。そして、売上高から変動費を控除したものが限界利益だ。売上高に占める限界利益の割合を限界利益率という。

では、変動損益計算書から何がわかるのか。それは「いくら売上をあげれば利益がでるのか」、つまり損益分岐点である。たとえば、固定費が五〇で、限界利益率が三〇％であった場合、いくら売上げると利益がでてくるのか考えてみよう。売上高が一〇〇であれ

限界利益と損益分岐点

売上高(A)	100	150	167	200
変動費(B) (B×76%)	70	105	116.9	140
限界利益C A－B	30	45	50.1	60
固定費 D	50	50	50	50
利益 C－D	△20	△5	0.1	10

↓
ココが
損益分岐点

ば、限界利益100×30％＝30　30－50（固定費）＝△20の赤字となる。売上高一五〇であれば同様に限界利益150×30％＝45　45－50＝△5の赤字となる。この企業の場合損益分岐点は50÷30％＝166　となる。つまり、一六六以上の売上をあげることができれば黒字となり、それを下回れば赤字となるのである。また、一〇の借入金を返済するためには、表に示すように二〇〇の売上が必要となる。

変動損益計算書の考え方により、赤字の企業は、あとどれくらい売上を増加させる必要があるのかを知ることができるし、黒字の企業はどれだけの余裕度があるかを知ることができる。もちろん、黒字化へ向けた経営課題は、売上の増加だけではない。限界利益率を一％改善することで、どれだけの利益が生まれるか、現状の売上で黒字を出すには、どれだけの固定費削減が必要か、また、固定費のほかに借入金の返済をカバーするためには、どれだけの売上が必要かなどなど、さまざまな経営戦略を、変動損益計算書を中心に組み立てていくことが必要だ。普段の経営課題を変動損益計算書に置き換えて考えてみると、「会計重視の経営」に近づくことができるのだ。黒字化への経営戦略を売上戦略、変動費戦略、固定費戦略に分けて、それぞれの数値目標を明確にし、それを現場の人に完全に理解させることができれば、その経営計画は生きたものとなる。ぜひ、変動損益計算書を問題点の発見と対策の立案のために、おおいに活用してもらいたい。

3 利益の「質」

中小企業は、それこそ石に噛りついてでも、利益を上げなければならないと、黒字経営の勧めを説いている。しかし、利益には質がある。企業として利益を追及することは、金の亡者に成り下がることとは、まったく異なるのである。

最近、テレビや新聞でマンションやホテルの構造計算書偽造事件がひっきりなしに報道されている。彼らの行為はまさにビジネスの名を借りた詐欺行為そのもので、憤懣やるかたない。また、お年寄りを狙った悪質リフォーム業者や闇金融業者も、世間を騒がせた。少しさかのぼれば、リコール隠しをした三菱自動車や多数の食中毒事故を起した雪印乳業など、枚挙に暇が無い。

日本はいつのまにか拝金主義者の国になってしまったのだろうか。二〇年足らずの不況がここまで日本人の心を貧しくさせてしまったのか。残念でならない。人をだましたり、人の弱みにつけ込んだ商売は、長く続くはずがない。「天網恢恢疎にしてもらさず。信なくば立たず」だ。

◎キーワードは「付加価値」

利益とはいったい何であろうか。私は、それは「付加価値の生産」であると思う。たとえば、ラーメン屋で材料費三〇〇円のラーメンを食べたお客さんが「ああ美味しかった」と満足して一〇〇〇円の代金を払う。三〇〇円の材料に、味付けや店の雰囲気、サービスのスピードといった利便性、その他ありとあらゆるものが「付加価値」となっている。それで、お客さんは喜んでくれるのである。そうして、なるほど一〇〇〇円の価値があると納得するのだ。飲食業に限らず製造業、小売業、卸売業、金融業、仲介業、サービス業、農業、その他ありとあらゆる仕事でも同じことだ。お客さんは、その店その会社の商品やサービスに、その値段に見合った価値を見出すからこそ、お金を払うのだ。商売は、人に喜びを与えるものなのだ。お客さんの「喜び」を、円を単位とする尺度で測ったものが、利益に他ならない。そして、その測り方が「会計」と考えることができる。

利益を上げるのには、いろいろな方法がある。わかりやすいのは、新商品の開発であろう。他にない商品、他の商品より優れた商品を開発したり、他にはないサービスを提供することは大きな利益を生み出す可能性がある。また、商品ごとの「付加価値」は少額であっても、多くの人に提供することができれば、総体として「付加価値の高い」仕事であるといえる。これが、いわゆる「薄利多売」といわれる手法だ。近年のデフレ傾向に乗じて、「百円ショップ」という新しい業態が登場し、今では、すっかり小売業の一形態として定着している。商品一つ当たりの付加価値（粗利益）は、数円から数十円であっても、百円ショップは「安価に買い物を楽しめる喜び」を提供して事業として成功している。例え小さな付加価値であったとしても、消費者に対する商品提案の仕方によっては、小さな利益を集めて大きな利益とすることができる良い例ではないだろうか。

ある大手建設機材商社の営業マンに「営業マンの仕事は、どこでも買える商品を、値引きをせずに買っていただくことだ。そのためには、顧客に信頼される営業マンでなければならない」と教えてもらったことがある。その信頼こそが、その会社の付加価値だといえる。逆に、同じ商品を取り扱っていても、同業他社より安い値段で提供できることも「付加価値」に他ならない。出店コストを抑えて、固定費負担を軽くしたり、仕入先への支払条件を良くする代わりに、仕入単価を下げて、同じ物を他より安く提供することも「顧客の喜び」＝「付加価値」＝「当社の利益」を増加させる一つの方法であろう。

第10章 税金

1 税金を味方にする人、しない人

「金儲けはしたいけれども、税金は払いたくない」という経営者は多いだろう。いや多いというよりは、全ての経営者がそう思っているのだろう。仕入原価や人件費、接待費、消耗品費、地代家賃、雑費、支払利息その他の経費は、すべて意味があって支出するコストだ。売上を上げるためには、仕入れをしなければならないし、人件費を支払うことによって、人は会社のために働いてくれる。銀行は、利息を支払うことを条件に、資金を融通してくれる。すべて、見返りのためのコストで、まさに、利益獲得のための手段である。

◎なにゆえ税金を納める

しかし、企業のコストのうち、税金の支払いだけは、まったく見返りがないといっていいだろう。税金を納めたからといって、会社にとって、良いことはなにも無い。「金は儲けたいが、税金は納めたくない」これは経営上の最大のジレンマであろう。むしろ、そう考えない経営者をさがすのが困難だ。会社の場合、利益にかかる税金としての法人税・法人住民税・事業税の税率を単純に合計した表面税率は、四四・七九％にも及ぶ。中小企業は、年八〇〇万円までの利益については、優遇されているものの、それでも三〇・八一％にはなる。諸外国と比較するとどうだとかは別として、商売人の経営感覚で「高い」と感じるのは、しごく当然だろう。

しかし、それでも税金は納めなければならない。脱税は犯罪である。日本人は脱税には寛容であるとされ、上場企業の社長で「国税局に睨まれて税務調査に入られても、まじめに申告するよりは、結局納税は少なくてすむ」と公言してはばからない人までいるらしい。とんでもない話だ。江戸時代までなら年貢はお上に取られるものであったが、今は平成の世の中、民主主義、国民主権の日本である。納税は国民自らが決めて、国民自らに課したルールである。使われ方がおかしい、という意見も耳にする。もっともだ。だからこそ、適正な納税を行わなければならない。自分が税金のごまかしをしておきながら「役人の税金の使い方を云々」しても、理屈にあわない話ではないか。

税に対する考え方は、いろいろある。どんなに理屈をこねようとも「払いたくはない」という気持ちが消えることはないだろう。しかし、それでもそれを受け入れようではないか。税にかかわる仕事に携わる一人の人間として、やはり、日本人に高い納税意識を持ってほしいと、願わずにはいられない。「正直者が馬鹿をみる世の中」であってはならない。それが、私の信じる「租税正義」の理念なのだ。

◎税引後利益に根ざした経営を

脱税・税金のごまかしは論外、では節税はどうであろう。節税と脱税には、大きな差がある。節税は合法、脱税は違法である。しかし、節税にも、良い節税と悪い節税があるのだ。ある意味節税は簡単で、経費を支出すればいい。決算末にどんどん経費を使えばいい。営業車や役員の乗用車も、駄目になる前にどんどん乗り換えればいい。もっと簡単なのは、社長の役員報酬を増額すれば、会社の法人税はぐっと少なくなる。

節税と称して、こういう行為が当り前のように行われている。経営判断と信じて、あるいは税理士の指導のもとに行われているのかもしれない。しかし、本当にそれでいいのであろうか。五〇〇万円の税金を払った社長より、一〇万円の税金しか払わなかった社長の方が、本当にハッピーなのであろうか。どうも、そうは思えない。税金でとられるくらいならと、社員慰労会と称し、福利厚生費として、飲食代に二〇万円を支払ったとしよう。それで、社員の士気が上がり、来期に向けてリフレッシュになって、業績があがるのであれば、有意義な支出であるともいえるだろう。社員への慰労を否定するつもりは毛頭ない。

さらに、税金が安くなるのだから、一石二鳥と考えているのかもしれない。しかし、もう一方の側面として、二〇万円の支出に対して、税金は安くなっても、六万円～八万円程度である。差額として、一〇万円以上の資金が社外に流失し、一年間、努力を重ねて得た利益を失ってしまうことも忘れてはならない。経費の支出でもそうだし、償却資産の購入ならなおさらである。支出する金額、将来支出することになる金額に比べて当期の節税効果は少ない。

残念ながら、経営者は、四の「とられる」税金ばかりに目を向ける。六の「手元に残る」資金には、あまり目を向けることがないようだ。企業にとって、現金預金、自由に使える手元資金こそが命なのである。その手元資金を最大化することが、経営者の使命ではないか。四を納めるか、納めずにすむかが問題ではない。一〇の支出をして六を失うか、一〇の支出を抑えて手元に六を残すかが問題なのである。これが、税引後利益に根ざした経営というものだ。

しきりに、税金を払って、その後の税引後利益に立脚した経営を目指すべきだと説いてきたが、無論、青天井にいくらでも払えばいいと言っているわけでは決してない。もちろん、払わなければならない税金は払うけれども、無駄な税金は一切払わない、という姿勢が望ましいのはいうまでもない。特に中小企業の場合は、課税所得が八〇〇万円を境に、税率が高くなるので、その見極めが必要であるだろう。企業が獲得しなければならない利益については、次章、次々章で詳しく述べるが、肝心なのは税金をコントロールすることである。

2 税金をコントロールする

◎目標利益・目標納税額を達成する

経営計画には、利益目標があるはずだ。それに対応して、税額は、ほぼ定まる。これは、納税の目標額だといえる。その目標が正しいものであれば、決算期を迎えて、その目標税額を上回る納税額になる見込みがあれば、思い切った節税策をとってもよいのである。社員の福利厚生や決算賞与で、一年間の勤務に報いるのもいいだろうし、来期以降に、より多くの利益を獲得するための設備投資を考えることもよいだろう。このような目標を達成した上での「戦略的予備費」を如何に活用するかが、経営者の手腕の見せ所である。

逆に、その期の納税見込額が、目標としていた納税額に満たなかった場合はどうであろう。納税額が、予定額より少ないのは、会社にとって歓迎すべき事態でないということは、ご理解いただけると思う。それは、企業の獲得すべき税引後利益が、目標に達しなかったということであり、由々しき事態である。そのような事態に陥ることのないよう、早めに状況を察知してなんとしても目標利益・目標納税額に達するべく、ありとあらゆる手段を講じなくてはならない。

◎税金を納める喜び

また、もう一つ、解決しておかなければならない問題がある。納税資金の準備である。会社は、利益があるからといって、手元資金があるとは限らない。資金が無ければ、納税することができない。そのために、安易な節税に走りがちだ。そうなると、ただでさえ厳しい資金繰りがよけいに悪化するという、最悪の結果を招いてしまう。

したがって、納税計画は、資金計画を伴ったものでなくてはならない。しかし、正しい経営計画を基礎とした経営ができていれば、恐れることはない。支払うべき金額も時期も、はっきりしているのだから、その目標に向かって、月々の予算実績対比と資金計画を実行していけばよいのである。そのためにも、納税準備のための積立などが、有効な手段となりうる。

いずれにしても、中小企業経営は、まず黒字経営への壁に挑戦しなければならない。決して、簡単なことではないが、安定した黒字化を実現することができなければ、会社の命は、いずれ訪れる死を待つのみである。経営者は、全知全能を駆使して、黒字化の壁を突破しなくてはならない。そして、その壁を越えることができれば、「払いたくない税金」を払わなければならないというジレンマと戦わなければならない。その相克を越えた向こう側にのみ、光明を見出すことができるのである。そのとき、「税金を払う苦痛」は、「税金を納める喜び」に変わっているだろう。

3　会社の決算と税金

会社にとっては、一年間の行動が数値化されて、表現される決算書が、成績表であり、履歴書だ。決算書の内容は、経営者の人格を反映しているように、私には思えてならない。真面目な社長の会社は、真面目な決算書になるし、いい加減な社長であれば、いいかげんな内容の決算書になっている気がする。やはり、決算書は会社の顔なのだ。

◎悪い現実を見ようとしない経営者は失格

経営状態が悪くなり始めた会社の経営者が、陥りやすい落とし穴がある。粉飾決算だ。これは、なにも中小企業の経営者にだけ、待っている落とし穴ではない。大企業の役員にとっても、甘い罠なのだ。追い詰められた経営者にとっては、落とし穴ではなくて、まずい状況を切り抜けることができる抜け穴のように思えるのだろう。しかし、そこに一度足を踏み入れてしまうと、抜け出すことは非常に困難なのだ。

多くの場合は、銀行からの融資を引き出すためにやっているのだろうが、まさに、自分で自分の首をしめるだけだ。粉飾によって、破滅へのカウントダウンが始まるのだと認識してもらいたい。それにより、復活への僅かな可能性さえ閉ざされてしまう。先にも述べたが、一番悪い経営者は「悪い現実を見ようとしない経営者」だ。銀行から融資を受けることができないという現実を受け入れられずに、そこから目をそむけても、なんの解決にもならない。むしろ、見えない傷口を広げてしまうだけだ。「貧すれば鈍する」という言葉があるが、窮地においてこそ、冷静に現実を見極める目が必要なのだ。

粉飾というわけではないが、減価償却費の計上を保留することもよく行われている。これは、法人税法がそういう規定になっているためだが、これもよくない。会計の大きな役割は、会社の経営状態の真実の姿を写し取ることだ。医者は、間違ったレントゲン写真からは正しい診断を下すことができない。経営者は、決算書や試算表から、問題をいち早く察知しなければならないのにもかかわらず、逆に、自分で自分の目を曇らせるのであるから、まさに、自殺行為というしかない。

4　法人税の計算と申告・納税

新たに会社を設立した経営者のために、法人の申告・納税について説明しておこう。

◎決算期を決める

まず、個人事業主であれば、一二月末日を決算期とする一年間の所得を、翌年の三月一五日（消費税は三月三一日）までに申告して納付することになるが、法人の場合、申告期限は原則として決算日から二か月以内となっている。税金の納付期限も同じだ。申告が遅れると無申告加算税（五％～一五％）、納付が遅れると日数に応じて延滞税（四・一％～一四・六％）が課される。設立時に決算期を決めるときは、繁忙期を避けたほうが賢明といえる。

◎役員報酬をとることができる

個人事業主は、自分自身の給料をとることができないが、法人の場合、代表者の役員報酬として、給料を支給することができ、退職金の支払も可能だ。役員報酬の場合は、給与所得控除を控除することができるし、退職金の場合は、税率等で優遇されているので税金面でのメリットがある。一八年度税制改正大綱では、①役員に対する臨時給与（ボーナス）についての定期定額要件の緩和措置、②実質一人会社の社長報酬の損金算入についての適正化措置の二点が盛り込まれた。また、役員に支給した賞与は、損金の額に算入できないので、注意が必要だ。臨時に支給した報酬は賞与とみなされるので、金額をみだりに変更しないほうがよい。もし、変更するときは、取締役会で決議して、議事録の作成を忘れないようにしなければならない。

◎交際費の支出は税務上不利

税額の計算方法で、個人と異なるのは、接待交際費のうち一部の金額は、損金の額に算入することができないことだ。中小企業の場合、年間四〇〇万円までの支出のうち一〇％は、損金に算入することはできず、四〇〇万円を超える部分は、すべて損金の額に算入することができない。税務上の取扱いが不利であることも、もちろんだが、不必要な交際費の支出は、厳に慎むべきだ。まして、個人的支出の付け込みなど、もってのほかだ。経営者としての資質が問われる話である。

◎役員の生命保険料

個人事業主の時は、支払った生命保険料は、生命保険料控除として、年間五万円まで所得控除されるのみである。法人の場合は、役員や従業員に掛ける生命保険は、全部又は一部が経費として認められるものがある。

◎青色申告承認申請はぜひ

青色申告をしている場合、赤字は、次年度以降七年以内の事業年度に繰り越して控除することができる。特に、創業当初は、備品等の初期投資や償却負担などで赤字になることが多いと思われるので、翌年以降の利益から、開業時の損失を通算することができるように、一年目から、青色申告承認申請書は、提出しておいたほうがよいだろう。新規設立の場合、設立の日から三か月以内か、最初の事業年度終了の日までとなっている。

一〇万円以上の備品を購入した場合は、原則として減価償却による損金算入だが、青色申告をしている中小企業者であれば、購入した三〇万円未満の備品は即時に損金として処理することができる。ただし、平成一八年度税制改正大綱で年間三〇〇万円までの限度額が新たに設けられた。

他にも、税金の計算には、複雑な規定があるので、税理士に任せることになるとは思うが、基本的な事項は、経営者として知っておいてほしい。

5 消費税

平成一五年の消費税法改正により、課税事業者が大幅に増えたのは、ご承知のとおりである。従来、基準期間の課税売上高が、三〇〇〇万円以下であった事業者は、免税とされていたがその基準が一〇〇〇万円以下に引き下げられて、簡易課税を選択できる基準も、二億円から五〇〇〇万円に引き下げられた。個人事業者を中心に、大きな影響のある改正だが、消費税が、消費者からの預り金的性格である以上、当然の流れのように思われる。

◎簡易課税か本則課税か

消費税に関して、まず中小企業経営者が知らなければならないのは、事前の届出が重要な意味をもつということだ。特に選択可能な事業者の範囲は狭まったとはいえ、簡易課税の選択が可能な事業者は、注意をしておかないと、益税どころか「損税」となる可能性がある。しかも、その事業年度の税額計算は、その事業年度の前事業年度中に選択して、税務署に届けなければならない。そのうえ、簡易課税を選択した場合、最低二年間は、本則課税に戻すことはできないので、二年先を見越した判断が必要となる。それゆえに、こればかりは、税理士にすべて任せっぱなしというわけにはいかないのである。

特に、消費税額計算に大きな影響を及ぼす設備投資については細心の注意が必要である。設備投資の予定があるにもかかわらず簡易課税を継続してしまえば、本来払うはずのない消費税を払わなくてはならない結果となってしまう。これこそ無駄な税金だ。そのため、簡易課税適用者は、設備投資の時期と金額については、綿密に計画したうえで、関与税理士との意思疎通を図るようにしなければならない。また、年間にどれだけの金額の設備投資をすれば、益税が損税に転落してしまうかの分岐点である「限界投資額」を頭に入れておくのも大切なのではなかろうか。ほかにも、事業の形態を転換したり、取扱い商品を思い切って転換したり、従業員を外注に切り替えたりということで、本則課税・簡易課税の有利判定は変わってくる。やはり、消費税戦略においても、経営者のやるべきことは変わらない。それは、現状を正しく把握し、将来を正確に見抜くことだ。

◎楽なときに楽をしない

第二のポイントは、納税のための資金計画である。消費税は預り金であるから、法人税等のように後払いのものではない。売掛金を回収した時点で、先に資金が会社に流入しているはずなのである。つまり、資金の流れとしては、先に入って、あとから出て行く。売上取引であれば先に仕入れ資金が出て行って、後で売上資金を回収する、つまり、先出後入になることもある。それに比べて、消費税の資金の流れは、先入後出なので資金の流れとしては楽な条件のはずだ。

ところが、消費税の納税資金に苦しんでいる会社は多い。消費税の預り資金を他の運転資金に流用してしまっている結果といえる。まさに、資金管理の不徹底ゆえといえるであろう。消費税の納税を借入金でまかなっている会社があるならば、まったく馬鹿げた話だ。消費税資金については、他の資金繰りとは別に管理すべきだ。簡易課税でも、本則課税でも、消費税の納税見込み額はすぐにわかるのだから、その月の見込み納税額を、別に積み立てておくことが望ましい。「楽な時に楽をしない」ことが、消費税資金に限らず、資金管理の鉄則である。

◎税抜で考える

最後に、もう一つ理解していただかなければならないことがある。それは、経営者は、売上、仕入、経費、設備のすべてにおいて、税抜ベースで理解しないといけないということだ。先ほどの資金管理の話でもそうだが、税込ベースで考える頭だと判断を誤る可能性がある。なにしろ、売上高も、粗利益額も、すべて五%を水増しして表示してしまうからだ。年間粗利益額が、五%変わってくるのだから、大きな判断ミスではないか。

また、取引先との取引においても、すべて税込で請求書等を作成している場合があるが、税抜表示に変えた方がよいと思う。消費税の総額表示義務は、対消費者間取引の場合に限られている。いずれ近い将来、消費税の税率引き上げは、かならずやってくる。今のまま税込表示を続けて、税率が上がった時に、実質的な値下げを強いられることがないとはいえないのである。

第11章

返済

1 返済は利益から

黒字経営が大前提だと、話をすすめてきた。

ではここで「黒字でさえあればよいのか？」と問いかけたい。企業は、黒字であれば倒産を免れ、その存在を維持しつづけることができるのであろうか。売掛債権の貸倒や受取手形の不渡りなどによる資金ショートのような異常事態を除いた、経常的な企業活動においても、多くの会社で「Ｎｏ」である。なぜなら、ほとんどの会社で、借入金の返済負担があるからである。借入金は、利益で返すことを忘れてはならない。

◎「借金で借金を返す」おろかさ

減価償却などを無視して単純なモデルで考えると、月々五〇万円の返済を抱える会社が、二〇〇万円の黒字を計上したとしても、年間六〇〇万円の返済資金はまかなうことができない。五〇万円の返済を抱える会社であれば六〇〇万円の利益を計上してはじめてプラスマイナスゼロとなる。それ以下であれば、利益は黒字でも、資金収支は赤字だ。しかも、その六〇〇〇万円の利益は税引後利益でなくてはならない。法人税等の税率を四〇％と考えると、一〇〇〇万円の利益をだして、四〇〇〇万円の税金を納めて、銀行に六〇〇〇万円の返済をして、ようやく収支トントンの状態になるわけである。この場合、一〇〇〇万円の利益が、その会社にとって浮かぶか沈むかを分けるボーダーラインであり、企業存続のための分岐点だ。このラインを越えて、はじめて利益で借入金を返済することができたことになる。もし、越えることができなければ、手元の資金を食いつぶし、いずれ、その返済が終わる前に、新たな借入をしなければならないことになる。まさに、「利益で借金を返す」のではなく、「借金で借金を返す」状態だ。その新たな借入は、ボーダーラインをさらに押し上げることになるかもしれない。そうすれば、徐々に会社の首は締めつけられてゆくわけで、負のスパイラルは、経営者の気づかないところで進んでいると思ってもらいたい。それに気づくためにこそ、会計の力が必要なのである。

◎利益目標達成がすべて

戦略的で、会計を重視した会社経営のためには、経営計画の策定は不可欠である。そして、どこの会社の経営計画にも、売上目標と利益目標は組み込まれている。しかし、その利益目標は、漠然とした基準で設定されてはいないだろうか。企業が、最低限目標とすべき利益金額は、実は、月々の借入金返済元本の額によって決まる。その目標利益を達成することができなければ、その会社は、着実に倒産への道を歩み始めることになるのだ。

まずは正しい利益目標を立てる。この利益を達成できれば、おのずと納税額は決まってしまう。後は覚悟を決めて、その目標に向けて行動計画を練り、実行に移すのみだ。与えられたテーマは節税ではない。会社が生きるか死ぬかのデッドラインにさえ達していないのに、節税なんておこがましいではないか。経営者は、全身全霊全知全能をもって、目標とした利益達成のために行動すればいいのだ。そうすれば、必ず道は開ける。

2　債務償還年数はムリなく設定

会社の抱えてしまった借金の返済に足るだけの利益を獲得することが、質的攻めの経営戦略であるとするならば、守りの経営戦略も同時に推し進めていかなくてはならない。

中小企業の収益力は、脆弱だ。どんなに創意工夫と努力を重ね、汗を流したとしても、獲得できる利益には限界がある。理論上、利益で返済ができる経営計画を策定したとしても、実現可能でなければ、絵に描いた餅だ。それに、納税負担も馬鹿にはならない。先の例であれば、五年間の納税額は二〇〇〇万円にもなる。そこで、月々の返済元本を低く抑える、これが守りの戦略だ。

たとえば、先の例では月々五〇万円の返済元本額であったが、この残りの返済期間を倍に伸ばすことができれば、月々の返済は二五万円になる。年間で三〇〇万円、課税所得を低く抑えることで、法人税などの実効税率も低くなる。実効税率三〇％とすれば、税引後三〇〇万円の利益を達成するためには、税引前利益は四二八万円（300万円÷(1－30％)）、税額は一二八万円（428万円×30％）となる。これで、最低限獲得しなければならない利益は、格段に少なくなる。返済期間も会社の身の丈にあった期間で、無理なく設定しなければならないということである。

人間の体と同じように会社の体質改善には時間が必要だ。それを急げば収益力という壁と納税という出血を覚悟しなければならない。収益力の弱い中小企業においては、金融機関の協力も得て、長い時間をかけて、税引後利益を内部留保し、借入金を少しずつ減らしていくのが、最良の方法なのである。

通常、金融機関は、既存債務の借換え融資には積極的ではないが、自社の現状を説明し、経営計画を提示したうえで交渉してみるべきだ。金融機関にとっても、確実に返済が見込め、その上、返済期間が延びて利息収入が増えるので、返済計画が現実的なものである限り、何らかの形で提案には応じてくれると思う。また、大阪府をはじめとした信用保証協会では、保証協会付の既存債務について、数口の債務を一本化して返済期間一〇年間で借り換えすることができる、資金繰り円滑化借換保証制度融資があるので利用するとよいだろう。平成一五年から導入された制度だが、私は、この制度融資は中小企業の実情に合った、優れた制度だと思っている。

月々の返済計画を見直したにもかかわらず、結局、数年経つと、元のところに戻ってしまう経営者が数多くいる。「返済の額が減って、資金繰りが楽になったから、もうちょっとつまめる（借入ができる）な」という甘い誘惑に駆られるのであろう。「資金繰りが楽になったから、ローンで自分の車を買換えた」なんていう経営者もいるかもしれない。実に残念な話である。

大切なのは、「守ることを決めて、決めたことを守る」という姿勢だ。それができない経営者に現状が打開できるはずがない。返済計画をしっかり立てて、借入金を返済できるだけの利益を着実にあげていけば、その返済期間が終わる頃には、無借金経営という新しい世界が開けるのである。今まで銀行に渡っていた資金を、全部会社の自由に使うことができる、獲得した資金を次の利益獲得のために再投資できる、これこそが、自力成長リズムに乗った状態なのである。足かせのはずれた理想の経営ができるにもかかわらず、どうしてそれを待つことができないのであろうか。経営者にも求められるのは現状把握力、計画力そしてなにより実行力だ。それらをもたない経営者には、未来はないと断言できる。

もっとも、返済計画見直し以前の問題として返せない借金は借りないことが大前提である。返せない借金を返せると誤認することも含めて、安易な借入は、厳に慎むべきだ。自社の収益力を正確に把握し、その範囲内の借入に抑えなければならない。

たとえ、設備投資資金であっても、借入後の自己資本比率、固定長期適合率などから判断して、それが過剰なものでないか、吟味しなくてはならない。それが、「会計重視の経営」なのだ。

利益獲得のため必要なものであっても、中古資産の取得などを選択肢に含めて慎重な姿勢で臨んでもらいたい。車両や機械設備などは、日ごろの手入れを怠らないことによって、次の買換えまでの期間を延ばすことを心がけるべきである。そうすることで、借入れを後ろ倒しにすることができるのだ。「細部には神が宿る」とドイツの建築家がいったが、同じことが会社経営についてもいえる。細かいことに心を配ることを習慣化することで、結果は大きく変わってくるのだ。日ごろの何気ない行動が、会社の経営状態となって表れる。

買換えの時期が予想できるものは、頭金分だけでも、あらかじめ積み立てて準備しておきたい。融資の申込時に、必要資金より多めに申し込む経営者がいるが、逆に「少しでも少なく借りる」ことを心がけなければならない。

事業開業時は、収益力がまだ明らかでないのだから、投資判断はさらに難しい。最悪の場合も想定して、初期投資は最小限にとどめなくてはならない。結局、借入主義による成長は真の成長ではない。利益主義による成長こそが望ましいのだ。

第12章

儲け

1 銭《ぜに》儲け疎《おろ》かなし

これは、私の母がよく子供達にいって聞かせた、口癖である。「疎漏」と書いて辞書には、「手おち・手ぬかり・もれ」とあるように「銭儲けに手おち・手ぬかりがあるようではとても儲かりませんよ」と教えたかったのである。天保年間より続く商家に嫁ぎ、本家として苦労し、突然、長男が戻ってきたため分家となり辛酸を嘗めたのである。（父は次男であったが、長男が養子に出たために戸主となっていた。）その父が早く亡くなったために、六人の子供達を立派に育てるために、「銭《ぜに》儲けは疎《おろ》かない」のだから「勿体ない」の精神を植え付けようとしたのである。

これこそ、明治の女性が、商家を護る基本を教えたのである。「入るを計って」という銭儲けは、決して容易ではない。並みの努力では儲かるものではない。だから、「出ずるを制す」ためには「勿体ない」を教え込み、ムダを削ぐことを教えたのである。ちょっとでも贅沢や不満を口にすると、「無いがましだよ気が楽な」というのだと、贅沢を戒め、「いっそ何も無い方が気が楽で身を低く暮らせる」と教えた。常に優しく、勉強については、一度も叱ったこともなく注意もせず、じっと見守っているだけであった。しかし、生き方や男の働き、商売の基本や行儀作法については、厳しかった。これが、今日私の働きや、会計の考え方、鉄橋を渡るという堅実経営の考え方となって、根付いている。まさに、「三つ子の魂百まで」である。

私は、一年三六五日汗水流して働いても、その成果はこれだけなのか、という目で自らの決算書を見てほしいと、常に説いている。それは、一所懸命に働いたと思う割に儲けは簡単ではないことを感じ取り、その原因を、会計を通して追求してもらいたいためである。また、自分では全力投球をして働いたつもりであっても、他人から見れば何とも甘い部分があるものである。儲けの果実を手にすることは、そうそう簡単ではない。しかし、知恵を出し、やる気があれば、必ず向うから福はやって来るものだ。

話はまったく異なるが、一七七一年に江戸小塚原において、杉田玄白は前野良沢・中川淳庵らと刑死者の死亡解剖を見学した。そのとき、玄白と良沢が持参したオランダの解剖書「ターヘル・アナトミア」の図と、死体の実際が一致するのに感銘し、その翌日から一緒に翻訳にかかった。十分な辞書もない江戸時代に、苦心を重ね、一七七四年に「解体新書」五巻を刊行したのである。この時の苦心談が、「蘭学事始」に詳しく書かれている。「眉毛」を訳するのに丸一日かかったという苦労話や、本書で新しく作られた「神経」という言葉は、今でも医学用語として、また、一般にも広く使われているというのも、すごいことである。日本人の誇るべき努力と勤勉、前向きのやってやれないことはないという姿勢が成し遂げた快挙である。

学ぶべきことは限りない。水五訓の教えにある水の如く、自ら活動して他を動かし、常に己の進路を求め、障害にあたってはその勢力を百倍にし、自らは潔くして、常にその性を失わないような姿勢を貫いていくこと。「銭儲け疎かなし」といえども、企業五則に則り、日本人の努力と勤勉、前向きのやってやれないことはないという姿勢があれば、必ずや儲けは疑いなく、百年企業は実現することになる。

2 お金を手にしてはじめて儲け

この見出しの意味をはっきり理解するには、閉鎖貸借対照表（事業をやめるときに作成する）を頭に浮かべることである。その際、一切の資産を処分価格で表示する。いわゆる、不良資産の完全削除である。

普段は資産として、ちゃんと貸借対照表にその価値が表示されているものでも、そのほとんどが二束三文にしか評価されないことが多い。借方資産の中で機械や建物、設備造作、車などは事業が継続して利益を出しているときは資産であるが、事業を休止もしくは廃業、M＆Aによる売却等をする場合はほとんどその価値は評価されないのである。

また、売れ残り在庫を、資産に計上しているケースも意外に多い。これなどは処分するときは$\frac{1}{10}$の値段にしかならない。仮払金や前払金、立替金等もまったく資産価値はなく、経費になるものをワンイヤールールの決算のため、資産計上されているに過ぎない。通常の決算では、立派に資産計上されていても、即換金となるとまったく違う価値にしかならないのである。

一方、貸方の負債は、経営者からの借入金が債務免除される可能性がある以外は、すべて支払い義務があり、債務は表示された額面どおりである。

このようにみていくと、通常の決算では、ワンイヤールールによって儲けを算出していて、最終の金を手にする儲けとはかなり遊離していることになる。

したがって、経営者が知りたい本当の儲けは、即換金できる価値でいくらあるかであって、その意味において「金を手にしてはじめて儲け」ということだ。この経営感覚こそ肝要なのである。

3　儲けとキャッシュフロー

◎良い経営者は儲けとキャッシュを同時に意識する

「儲けとキャッシュフロー」は、事業を継続するうえで最も大事なことだ。一年ごとに、決算はくるが、儲けと同じ金が増えていれば、実感として味わえるのだろうが、いろいろなものに形を変えてしまっているので、決算上の利益は、経営者にとって、どうもピンとこないようである。会計の難しいところである。売掛金や受取手形で未だ現金化されていなかったり、商品として残ってしまっていることが多い。また、建物や機械、車に形を変えていることも多い。だから、今使えるお金はいくらあるのか、その増減を表したのがキャッシュフロー計算書であり、効率を追求し、資金をできるだけ寝かさないという現代の経営に、最も重要なものとして、生まれたのである。キャッシュフローの増減と儲けを決算ごとに見ることによって、経営者は儲けを実感し理解するのである。

①　決算で儲かっているのと、キャッシュフローの増加が連動している。

②　決算では儲かっているのに、キャッシュフローがあまり増えていない。むしろ減少している。

③　決算では儲かっていないのに、キャッシュフローが増加している。

④　決算で儲かっていないので、キャッシュフローが減少している。

このようにいくつものケースが考えられるが、いずれも、儲けの意識とキャッシュの意識を同時に経営者がもつことの意味が大きいのである。

「儲かって銭足らず」の下手な経営もあれば、儲かっていないのに、設備投資ばかりする経営者もいる。キャッシュが不足すれば借入して、それで解決と考えている経営者もいる。赤字に起因する借入れは、常に借入れする考えが先行し、資金繰り最優先の経営となるのである。この意味において、借入は一種の麻薬である。一瞬は楽であるが、病みつきになって、遂には身を滅ぼすのである。返済不能となって倒産するのは、ほとんどが、これが原因である。人間楽になると、どうしても原因の究明と、その是正が甘くなり、本来の企業経営の儲けの体質づくりを忘れてしまうのである。

◎キャッシュフローは入と出の増減をみる

ここで、キャッシュフローについて、簡単に触れておこう。キャッシュフローとは、直訳すれば「現金の流れ」であるが、会計学では、現金利益（当期利益＋減価償却費）を意味する。必要な時に、すぐ使えるカネであって、手持ち資金を指すこともある。キャッシュフローは、現金と現金同等物を範囲とし、現金は手元資金の他に当座預金、普通預金、通知預金などの要求払預金を指し、現金同等物は譲渡性預金、コマーシャルペーパー（CP）、公社債投資信託などのリスクの低い短期投資が含まれる。

通常、損益計算書は利益の原因を表し、貸借対照表は財政状態を表している。しかし、そのまま時価として評価できないものも含まれているのである。対するキャッシュフロー計算書は、家計簿のように現金の「入と出の増減」をみることが目的だ。「入るを計って出ずるを制す」、これぞ経営の根本原理そのものである。

企業の命題は「利益の追求」であり、企業活動を能動的、積極的にし、攻めの経営を可能にするのがキャッシュフローである。逆にキャッシュフロー不足は企業を萎縮させ、利益追求能力を減退させる。詰まるところキャッシュがなければ、何もできないのである。

会社にお金を残すには

1 内部留保を大きく

大企業では、最近、にわかに株主利益が声高に叫ばれるようになり、内部留保を抑えて、株主配当額が膨大に増えている。これは、ライブドアや楽天、村上ファンドによるTOBや突然の株式買占めが影響しているのだろう。彼等は経営統合や業務提携の要求をしたり、阪神タイガースのような子会社の上場を迫るなどをするため、買い占められた会社は右往左往している。そこで、既存の株主の配当を増やして優遇することによって、安定株主になってもらおうという意図の表れである。

また、こうしたマネーゲームまがいの新手法を取る企業のターゲットにされないように、上場取り下げにまで発展する会社（ワールド）が出る始末である。阪神電鉄の例でいうと、甲子園の帳簿価額が八〇〇万円、阪神デパートの帳簿価額が九〇〇万円ということは、大きな含み益があり、これまでの会計基準や経営手法からすれば、立派なものなのである。ところが、自己資本比率が意外に低く、二一・二％、払込み資本金は更に低く、七％しかなく二九三億八四〇〇万円である。この上に、大きく含み益を持つ資産があるところに目をつけられたのである。

会社は誰のものかという大方の議論は別としても、瞬間所有の株主に、会社の方針を左右する発言権があるとは、とうてい思えず、株主所有比率のみに比重を置いた現行の株式制度に、おおいなる疑問を感じざるを得ない。というのも村上ファンドは、要求が通って、二・三年は株式を保有すると発言している。その後は売却するということなのだから、後は野となれ山となれなのだろうか。

◎内部留保蓄積のすすめ

中小企業は、このような上場企業とはまったく別の次元にあって、経営者イコール株主・出資者である場合がほとんどである。こうした企業は何よりも社外流失（配当・役員賞与等）を小さくして、内部留保を大きく蓄積することに努めるべきである。

内部留保とは、税引前利益より法人税・住民税及び事業税

税引前当期純利益	A
法人税・住民税及び事業税	B
当期純利益	C
前期繰越利益	D
当期未処分利益	E
（A － B ＝ C ＋ D ＝ E）	

を払い、前期繰越利益を加えた額に、過去の内部留保の蓄積である資本剰余金、利益剰余金を加えた額である。

企業の五則に則って、儲け（利益）を計上することが大前提であり、黒字を継続して初めて内部留保は大きく育っていくのである。

内部留保が大きいことの効果は、次の点である。

① 自己資本が大きくなる。（自己資本比率）

② 借入金の比率が小さくなる。（ギアリング比率）この効果を大きく育て、無借金経営の理想に近づけることである。

③ 固定資産の所有比率（固定投資）も小さくなる。（固定長期適合比率）自己資本の範囲内に抑えることに近づく。

④ キャッシュフローが大きくなる。

⑤ 企業の信用が大きくなる。

⑥ 儲ける喜びと目標ができてくる。

中小企業は何といっても「質的変化と質的拡大」を計るべきで、内なる力を貯えなければ、変化の時代、大規模企業への対抗、少子高齢の購買層変化に対応できない。

（億円）

総資産	自己資本60%	自己資本の80% 固　定　資　産	差引流動資産
1	0.6	0.48	0.12
2	1.2	0.96	0.24
3	1.5	1.2	0.3
4	2.4	1.92	0.48
5	3	2.4	0.6
10	6	4.8	1.2
15	9	7.2	1.8
20	12	9.6	2.4
30	18	14.4	3.6
40	24	19.2	4.8
50	30	24	6

総資産に対する自己資本比率を六〇%とし、固定資産を、その自己資本の八〇%として、総資産一億円から五〇億円の企業の差引流動資産をみてみよう。

差引流動資産は、かなり小さいことがわかる。この内訳は、売掛金、受取手形、在庫等となっていて、すぐに「使えるカネ」キャッシュフローはさらに少なくなるのである。内部留保の拡大が、企業にとって、いかに大事かを経営者は頭に入れるべきである。

2 借入金を少なく

あれやこれやと、「儲けたい・儲かる・儲かった」ということについて書いてきたが、究極は、「入るを計って出ずるを制す」、高収益企業を作り上げ、内部留保を大きくすることが儲けにつながるのである。

そのために、企業の五則に従って、①経営者の資質を高め、②企業の理念を確立し、目標を設置した上でモラルと社会貢献を心掛けることである。高収益企業への、③儲けのリズム作りに、経営者は常に社員と二人三脚の姿勢で心の統一と能力の結集に努めることである。雑な経営にならぬように、④会計重視を柱に経営の舵をとり、⑤自力成長力をもつ企業にまで育てることである。

二〇〇五年一一月に株価が上昇を続け、日経平均が一万五五〇〇円にまで押し上げられた。「日本全体が、バブル期を思わせる雰囲気になってきた感じがする」と日本経団連の奥田碩会長が、日本経済の現状をこう分析した。しかし、中小企業の実態は、未だ厳しく、甘くはない。減収減益に悩まされる企業が多く、過剰債務（借入金）の返済ができずにいる。金余りと大手都銀の貸し出し攻勢に救われて、借り増しで凌いでいる企業が後を立たない。

一方、日本は、拝金主義に侵され、カネさえもうかれば何をやってもよいという倫理観の乏しい経営者が出てくるのは如何にも悲しいことである。だからこそ「崇高な理念と社会貢献」を掲げて、自らには戒め、社員には誇りを持たせるべきである。

$$\text{債務償還年数}=\frac{\text{有利子負債}}{\text{営業利益}+\text{減価償却費}}$$

$$\text{借入金回転期間}=\frac{\text{短期借入金}+\text{長期借入金}}{\text{（月高）又は（年商）}}$$

なぜ、最後に、また、このようなことを強調するかといえば、現実は、依然として、過剰債務のための倒産が続いているからである。二〇〇四年で一万三六七九件の倒産があり、その負債総額は七兆八一七六億七五〇〇万円と膨大な額となっている。一件平均で五億七一〇〇万円で、中小企業ではとても返せる金額ではない。二〇〇五年に入って、倒産件数の減少は底を打った観があったが、後半に入り、増加基調にある。経営は、何といっても、自前（自己資本と自己成長力）を頼りに進めることで、他力（借入金）に頼ってはならないということである。返せない借入れをすることは罪悪と心得ねばならない。

債務償還年数は、五年以内が安全、一〇年までが最長限度である。年商を上回る借入金は、絶対にしてはいけない。

何といっても、今の世の中、我慢が足りず依頼心が強くなっている。「辛抱宝で、堪忍おカネ」である。自らと自らの社員を信頼し、頼りにして、コツコツと積み重ねれば、必ずや報われること間違いなしである。

最後に私からのメッセージというか、エールを贈る。

・商売・笑売・笑う門には福来る。

笑うことは、最も簡単な成功法である。

顔で笑って心で泣いてというが、笑っていると、心まで笑ってくる。楽しいから笑うのではなく、笑うから楽しいのである（アメリカの実践心理学者ウィリアム・ジェームスが提唱）

・「自分だけが」と思わず、「自分だって」の心でいこう。

・「できるか、できないか」ではなく「望むか、望まないか」でいこう。

・「成功しよう」と思うより「夢をかなえよう」でいこう。

あとがき

「経営は、儲けてなんぼ」の世界への手順を書いているうちに、強く思うことであるが、右肩上り経済において量的拡大志向に努めた歪みともいえる、借入金の重みと借入癖が、中小企業には今なお重くのしかかっている。高度成長経済下では、「儲かった」の構図がなくても、それなりに仕事は続き、贅沢も味わえたからである。

しかし、すでに会計の中味に信用を持たせた自己責任の時代に突入している。それに対応すべく、質的拡大を目指さねばならない。すなわち、高収益企業づくりであり、変化に強い企業づくりである。世の中小企業の実態と中堅企業と呼ばれるまでに成長した企業とは、その内容に格段の差がある。企業規模が小さくても、その内容は、中堅企業に勝るほどに成長する質的拡大が急務であり、生き残りのためである。

最近、夢を熱く語る人になかなか出会わない。夢を語りにくい世の中になったのであろうか。私は顧客に、五年後の夢、一〇年後の夢を宣言してみませんか、と話しかける。

①売上二倍、②自己資本比率五〇%、③借入金ゼロ、④別のビジネスを立

ち上げる、⑤上場する、何でも良いのだ。

戦後の高度成長経済に象徴されるように、わが国の企業は、特に大企業は常にナンバー・ワンを目指してやってきた。自動車メーカー、家電メーカー、ゼネコン、ハウスメーカー、生損保会社、証券会社等々。そして、格付け機関や雑誌等が順位を発表し、煽ってきたのである。そういう社会こそが、今日の経済破綻を招いたのではないだろうか。


少し横道にそれるが、SMAPの「世界に一つだけの花」という私の大好きな歌がある。作詞作曲は槇原敬之だが、すごい歌詞である。二年以上も前の歌なのに、今でも聴くと新鮮でジーンとくる。

これを会社向けに直すと、「私たちの会社は、世界に一つだけの会社で、一社一社違う考え方をもち、その考え方を開花されることだけに、一生懸命になればいい。小さい会社や大きい会社、一つとして同じ会社はないからNO.1にならなくてもいい。もともと特別なOnly One」となるのであろうか。

みなさんも夢を持ってオンリーワンを目指しませんか。目先の利益ももちろん大事であるし、毎期黒字で申告することも最低限のことである。そのうえで、今年はみなさんとおおいに夢を語り合いたいものだ。

この本を出版するにあたって、清文社の秋田弘専務取締役、冨士尾榮一郎編集部長と大岩誠氏には力強いご協力をいただき心から感謝するしだいである。

著　者

著者紹介

日野上 輝夫（ひのかみ てるお）
税理士。
昭和43年関西大学大学院商学研究科修士課程修了。同年、税理士日野上輝夫事務所開業。現在、大阪市平野区にて日野上会計グループを主宰。
著書に「会社を潰す経営者・立て直す経営者」（オーエス出版社）ほか。

■日野上会計グループ
大阪市平野区平野本町5-14-20　日野上ビル5F
〒547-0044　TEL 06-6791-0724　FAX 06-6791-0733
E-mail:hah@hinokami.co.jp
URL　http://www.hinokami.co.jp/

〔執筆協力〕

日野上 達也（ひのかみ たつや）
昭和44年大阪市生まれ。関西大学商学部卒業。平成10年税理士登録。
現在　日野上税理士総合事務所　副所長。
今年4月より「若手経営者のための次世代経営塾」を開催。
全国若手税理士集団「LLP藤原KAIZEN研究会」の構成員としても活動中。自身のブログも毎日更新中。
URL　http://blog.livedoor.jp/hinokami_ah/

森本 義久（もりもと よしひさ）
昭和48年、和歌山県生まれ。大阪大学法学部卒業。平成12年税理士登録。会計事務所勤務を経て平成15年堺市に税理士事務所開業。
森本義久税理士事務所　大阪府堺市百舌鳥梅町3-3-3
ビルディングキュー201
TEL:072-255-4559　FAX:072-255-4569
URL　http://www.my-brain.com

「儲《もう》けたい・儲《もう》かる・儲《もう》かった」の実践社長学《じっせんしゃちょうがく》

2006年4月10日　発行

著　者　日野上《ひのかみ》　輝《てる》　夫《お》

発行者　小　泉　定　裕

発行所　株式会社　清　文　社

URL：http://www.skattsei.co.jp

大阪市北区天神橋2丁目北2-6（大和南森町ビル）

〒530-0041　電話06（6135）4050　FAX06（6135）4059

東京都千代田区神田司町2-8-4（吹田屋ビル）

〒101-0048　電話03（5289）9931　FAX03（5289）9917

広島市中区銀山町2-4（高東ビル）

〒730-0022　電話082（243）5233　FAX082（243）5293

印刷・製本　株式会社　廣済堂

　ISBN4-433-24255-1〈O〉